「この人なら」と慕われるリーダーになれる

佐々木順子
Junko Sasaki

Becoming a leader
liked and relied on

サンマーク出版

はじめに

「来月から、あなたにこのチームのリーダーをお願いしたい」

あなたは上司からこう言われて、「はい！」と即答できるでしょうか？

「すぐにYESなんて言えない……」

この本は、そんなふうに思ったあなたにこそ贈る一冊です。

リーダーに抜擢《ばってき》されるということは、これまでのがんばりをきちんと認めてもらっているということです。

「評価されているのはとてもうれしいけれど、でもリーダーという立場になるのは不安だなぁ……私にできるかなぁ……」

その気持ちはごく自然なもの。逆に、そう考えるのは、出世欲という下心なしに、とにかくそのときの自分の仕事にひたむきに取り組んできた証しだと思います。

でも、いつまでもそれだけでいいのかなと悩んではいませんか？

リーダーという道におそるおそるでも一歩を踏み出すことで、あなたの目前の世界は大きく広がることでしょう。上司は、あなたにその新しい景色を見せてあげたいという思いで、冒頭の言葉を投げかけたにちがいありません。

「リーダーをやってきて、よかった！」

ここで、少し自己紹介をさせてください。

私は大学卒業後に入社した日本ＩＢＭ株式会社で、システムエンジニア（ＳＥ）としてキャリアをスタートさせました。ＩＢＭには二十六年九か月勤め、日本国内での数多くの異動と、ＩＢＭアジア・パシフィック本部勤務を経験し、四十六歳で役員に就任しました。

最後の三年間はＩＢＭチャイナに出向し、二千人の中国人のチームを率いていました。この間、国籍、ポストの上下を問わず、多くの有能なビジネスパーソンと一緒に働くことができました。

その後は新しい環境・文化のもとで自分の力を試したいと、日本マイクロソフト株式会社に転じ、こちらでも役員として働きました。

さらに、日本のベンチャーに転じてＩＰＯ（新規公開株）上場準備にかかわり、もう一度ＩＴ系の外資系企業でバイスプレジデントとして業務に携わったあと、二〇一六年十二月からは、外資系企業の日本法人社長として仕事をしています。

――こんなふうに自己紹介をすると、さぞや順風満帆《まんぱん》なキャリアウーマン（死語？）街道を歩んできたのではないか、と思われるかもしれません。

ところが、けっしてそんなことはなく、壁にぶつかることばかりでした。

実は、初めて管理職になったときには、部門に次々とトラブルが発生し、一年もたたずに降格させられてしまった経験もあります。

ほかにも、辞表を上司に出したにもかかわらず、気が変わってその場で辞表を引っ込めたこともありますし、残念なことに、お客さまとのトラブルを法廷で解決せざるをえなかったこともありました。

日常的なことでも、どうにもウマが合わない人やなぜかいつも意見が対立する人がいるとか、日曜日の夕方が憂鬱《ゆううつ》だとか、大嫌いなストッキングをはいて眠い目をこすって満員電車に乗らないといけないとか……楽しくないことは現在進行形でたくさんあります。

それでも私は断言できます。

「リーダーをやってきて、よかった！」と。

リーダーになる前には考えられなかったことを経験し、自分のキャパシティが広がりました。新しい企画を立ち上げ、うまくいった達成感、チームメンバーと心が通いあったときの喜び。そしてなによりも自分の「こうしたい！」という志を仕事に反映できるのは、リーダーならではの醍醐味《だいごみ》です。

私がリーダーに抜擢した後輩女性たちも、それぞれの持ち味や強みを生かしてすてきなリーダーとして活躍してくれています。彼女たちもきっと同じように思ってくれているはずです。

「リーダーが務まるかどうか心配」というのは杞憂にすぎない

とはいうものの、なかなか積極的に「リーダーになりたい」という女性は少ないようです。

独立行政法人労働政策研究・研修機構が二〇一三年に実施した「男女正社員のキャリアと両立支援に関する調査」によると、正社員として働くワーキングウーマン（一般従業員）のうち約七割が「役付きでなくてもよい」と考え、「課長以上への昇進希望あり」と答えたのは、約一割のみという結果が報告されています。

昇進を望まない理由には「仕事と家庭の両立が困難になる」「責任が重くなる」「自分には能力がない」などが多いようです。

「家庭と両立できるか」という心配。
「大きな責任を負わされる」不安。
「リーダーなんて務まりっこない」という失敗に対する恐れ。

これらは責任感あふれる女性だからこそ懸念することで、実は杞憂《きゆう》にすぎません。

なぜならこうしたことは、あなたをリーダーに登用しようとしている上司が解決すべき問題だからです。家庭と両立できるように、業務分担を采配《さいはい》するのは上司の仕事です。あなたが負う責任を含めて、さらに大きな責任を負担するのもその上司です。あなたにリーダーが務まらなかったら、その任命責任をとらなくてはならないのも上司です。

多くの部下をリーダーに抜擢してきた私が保証します。**七五%とか八〇%の高い確率でできると思っているから、あなたにリーダーを任せるのです。**

そして自分にも任命責任がある以上、あなたにはきっちり務め上げてもらいたい。そのために環境を整えるのも、自分の仕事だと上司はみんなわかっています。

ですから必要以上に心配せず、ぜひリーダーを引き受けてみてほしいと思います。

現代では女性も五十年働かなくては生きていけない

報道でも知られるとおり、現代の日本では少子高齢化が急速に進んでいます。いまや年金だけでは老後の生活をまかなうことは難しく、老後資金には三千万円の預金が必要ともいわれています。

社会構造の変化も激しく、いわゆる一流企業の経営が傾いたというニュースをたびたび耳にするようになりました。

夫婦共働きでないと生計が成り立たないこともあるでしょう。高収入のエリート男性と結婚したとしても、リストラや病気などでご主人が失職することもありえます。

つまり、厳しいようですが、女性が永久就職という名目で専業主婦として家庭に入るのは、これからの時代にはリスクが大きすぎる。年金受給開始年齢が七十歳に引き上げられるとしたら、女性も五十年間働くつもりで職業を選択しなくてはならないのです。

さらに、技術革新のスピードはますます速くなり、隆盛をきわめたテクノロジーでもあっという間に陳腐化してしまう昨今、会社の平均寿命は二十三・五年といわれています（二〇一四年「倒産企業の平均寿命」調査・東京商工リサーチ調べ）。そのなかで五十年間安泰でいられる企業がどのくらい存在するでしょうか。自分も働かないと生活が成り立たない状況で、なおかつ会社が危ないとなったら、イヤでも次の仕事を探さなくてはなりません。

会社の寿命二十三・五年時代に五十年働くとすると、一回か二回は転職するのはごく平均的ということになります。そのとき、新入社員でもない人が「事務担当の平社員です。いままで与えられた仕事しかしたことがありませんが、これまでと同じだけのお給料が欲しいです」と希望したとしても、中途採用されるのは難しいのではないでしょうか。

入社以来ずっと同じ業務経験しかないのでは、高いお給料は出せません。また採用後のキャリア形成を考えれば、やはりより若い人材をとりたいと考えてしまいます。

対照的に、以下のようにアピールされたら、ぜひ採用したいと思います。

「メンバー十人を率いてマネジャーをやっていました。いままでにこんな成果をあげてきて、自分の強みはこれとこれです。そして御社にはこんなことで貢献できると考えています」

安易な転職をすすめたいのではありません。ただ、**いつでも転職できる実力と実績を兼ね備えていることがこれからは重要だと考えているのです。**

「助手席」ではなく「運転席」に座ろう

ずっと与えられた仕事をしているだけという状況は、自分の人生のハンドルを握れていないのと同じではないかと思っています。

会社という名の車の助手席に乗せられて「どこに連れていってもらえるのかしら」

と漫然と座っているだけでは、途中で事故にあうかもしれないし、最終的にたどり着いたのは思ってもいなかったところだった、なんてこともあるかもしれません。

そのときになって「こんなはずじゃなかった」なんて、私なら言いたくないなぁと思います。

それよりも、**たった一度の人生なのですから、ドライバーズシートに座り、自らハンドルを握って、自分なりの目的地をめざすほうがずっと楽しいと思うのです。**

ときにはスリリングなこともあるかもしれませんが、それもまた人生を豊かにする経験の一つになるでしょう。

いかがでしょうか。

リーダーをやってみたほうがいい理由、少し伝わったでしょうか？

ここまでは少し怖くなるような理由ばかりを書いてしまいましたので、お詫《わ》びにといってはなんですが、リーダーになったら「いいこともいっぱいある」ということもお話ししておきましょう。

私が日本ＩＢＭに就職したのは、外資系企業のほうが長く働くことができると考えたからでした。そして実際に二十五年以上在籍したことは、すでにお話ししました。女性役員となったのは私で五人目だったと思います。

あるとき、そのトップバッターである内永ゆか子さんに誘われて、企業における女性リーダーの育成とダイバーシティ・マネジメントの促進・定着を支援するNPO法人「J‐Win（ジャパン・ウィメンズ・イノベイティブ・ネットワーク）」に、私も参加するようになりました。二〇〇七年のことです。

内永さんは日本IBMの専務執行役員を定年まで務められ、その後ベネッセの取締役やベルリッツのCEOなど数多くの要職に就かれているのでご存じの方も多いでしょう。J‐Winは、その内永さんがつくった組織です。

J‐Winの活動を通じて、私の社外での交友関係はグッと広がり、女性エグゼクティブたちの食事会や情報交換会に参加するようになりました。

そこではさまざまな話題が繰り広げられています。興味深い業界話、華やかなネットワーク、個性豊かな暮らしぶりや考え方、そしてなんといってもみなさんが取り組んでいる多彩でやりがいのある仕事のこと。みなさん、公私とも本当に充実していることがよくわかります。

内永さんは「ここは秘密の花園なのよ」とおっしゃっていて、そのメンバーに入れた女性だけが知る世界だというのです。私はその入り口をちょっとのぞいたくらいかもしれませんが、それでもいままでどおりに暮らしていたらとてもお会いできないような方をご紹介いただいたり、刺激になるお話をうかがえたりと、モチベーションが上がることが多々あります。

みなさん、本当に人生をエンジョイしていらっしゃいます。その余裕は、リーダーになって初めて得られるものなのだろうなぁと思います。

つらいことをたくさん乗り越えてたどり着いた山の頂上で、ふもとでは想像もできなかった景色を見ることができました。

そして私はそこに到達したことで、それまでは見えていなかったけれど、次に登りたいと思える山々をまた発見したのです。次なる山に登ったら、きっとまた違う景色に出会えるはず。その期待が私の原動力になっています。

「思い込み」を捨てて「この人なら」と慕われるリーダーになる

リーダーになるメリットはわかったけれど、それでも自分にできるかどうか……。

まだ不安な気持ちが残っているかもしれませんね。

「いままでリーダーなんてやったことないし」
「指導をして嫌われたらどうしよう……」
「初めて部下や後輩ができたけど、どう接したらいいかもわからない」

こんなふうに不安な気持ちになるのは「立派なリーダーになれるかどうか」を考えるからではないでしょうか。

強くて、カリスマ性があって、コミュニケーションも上手で、そのうえファッションやお化粧もばっちり。こんな女性リーダーが理想ではあるけれども、私にはそんなことはできないわ、と。

でも、「理想のリーダーはこうでなくてはいけない」という思い込みは、あなたを萎縮《いしゅく》させてしまうだけです。そう思った瞬間から怖くなって、初めの第一歩が踏み出せないのは当たり前。たとえ一歩を踏み出せたとしても、その力みがあるかぎり、うまくチームを率いることはできないかもしれません。

そう、振り返れば、私が一年ももたずにマネジャーから降格したのも、間違った「思い込み」が原因だったのです。

私たちがめざすべきは「いつでも強く、いつでも正しい、理想のリーダー」ではありません。人間ですから、ときに弱音を吐くことも、間違えることもあります。

それより本当に大切なことは、「この人なら」と部下や同僚に慕われ、さらには上司からも信頼を寄せられ、チームとしての総合力を強くすることのできるリーダーになることだと思います。

そして、女性ならではの高い共感力やこまやかな感性、コミュニケーション能力などは、実はチームを率いていくための大きな武器となりえます。

女性だからこそ発揮できるリーダーシップがあるのです！

この本では、女性リーダーが抱きがちな四つの思い込み――いつも「強いリーダー」「優秀なリーダー」「コミュニケーションが完璧《かんぺき》なリーダー」「自分の感情や働き方をコントロールできるリーダー」でなくてはいけない、という思い込みを手放すためのヒント、そして自分自身へのリーダーシップを発揮し、いきいきと、楽しく仕事人生を過ごすための方法をお伝えしていきたいと思います。

あなたが抱え込んでいる思い込みを捨てて、快くリーダーという役割を受け入れられるようになる。そしてまわりから「この人なら」と慕われ、信頼されるリーダーになる——。

本書がその一助になることを心から願っています。

「この人なら」と慕われるリーダーになれる　目次

第2章

いつも「優秀なリーダー」でなくてはいけない、という思い込みを捨てる

第3章 いつも「コミュニケーションが完璧なリーダー」でなくてはいけない、という思い込みを捨てる

第4章 いつも「自分をコントロールできるリーダー」でなくてはいけない、という思い込みを捨てる

第5章 まずは自分へのリーダーシップを発揮しよう

著者エージェント　アップルシード・エージェンシー
（http://www.appleseed.co.jp）
装丁　萩原弦一郎＋戸塚みゆき（デジカル）
本文組版　山中　央
編集協力　株式会社コンセプト21
増山雅人
編集　黒川可奈子（サンマーク出版）

第1章

いつも「強いリーダー」でなくてはいけない、という思い込みを捨てる

「リーダーになりたくない」——その気持ちの奥にある本当の理由

リーダーは、本当に割に合わない？

女性が昇進を手放しで喜べない理由として、よく聞く言葉の一つに「この職場ではリーダーになりたくない」というものがあります。その真意はというと……。仕事の内容それ自体が嫌いというわけではなくて、現在リーダーをやっている人のようには自分はなれないし、なりたくもないというのが本音なのではないでしょうか。

「あんなに苦労したところで……」

リーダーやマネジャーというものは「労多くして功少なし」、つまり「割に合わない」と思う人が多いようです。

現在の担当業務だってたいへんなのに、リーダーになって増える負担と気苦労、それと報酬や評価が釣り合わないからと思うのでしょうか。それがリーダー登用への拒否感につながっていると、私は肌で感じています。

でも、ここで、あなたがそのように感じてしまう理由をもっと掘り下げて考えてみませんか?

「あんなふうにはなりたくない」と思うのは、なぜでしょう?

――長時間労働を余儀なくされるから?
――その結果、家庭との両立がむずかしくなるから?
――長時間労働は体力的につらいから?
――チームメンバーにイヤなことも言わなくてはいけないから?
――イヤなことを言ってしまって嫌われるのが怖いから?
――そのせいで職場にいづらいような雰囲気になるのがイヤだから?

あなたの本当の気持ち、このなかにありませんか?

なかでも後半の三つ、「メンバーにイヤなことも言わなくてはいけない」「嫌われたくない」「いづらい雰囲気になりたくない」が当てはまる、という方も多いのではないでしょうか。この三つは女性特有の感覚なのだと思います。

男性は「一生働くのが当たり前」という前提で育てられ、社会に出ているので、自分の仕事人生でどこまで到達できるか、どこまで収入を上げられるか、つまり「社会的な成功」にやりがいや生きがい、目的をもっている人も多い。だから昇格や昇進をポジティブにとらえている。

それに対して女性は、社会的成功よりも自分の居心地を重視する傾向にありますから、先ほどあげたようなことを心配しがちです。そのため、ときには矢面に立ちながら、ときには厳しく叱咤《しった》激励しながら、リーダーとしてメンバーを率いていくことになかなか魅力を感じられないのではないでしょうか。

「いままで仲よく同僚としてやってきたのに、指示を出す側に回れば人間関係がギクシャクしそうだし、なにかあったときに厳しく注意するなんてできない……」

そうなんです、そうなんです。

おっしゃるとおり。

みんなそう思っています。

職場の人間関係が悪いのはたしかにイヤなもの。昨日まで仲よくランチしていた同僚に嫌われたくないのもよくわかります。

けれども、「でもね、でもね」と私は言いたいのです。

そうならない方法、やり方というのがあるのです。

それをこれから一つずつ紹介していきますので、どうか実行できそうなものから取り入れてみてください。

リーダーのスタイルは一つでなくてもいい

「理想のリーダー」なんて実はいない

リーダーになることに躊躇《ちゅうちょ》するのは、あなたのなかに確固たる「理想のリーダー像」が確立されすぎているからではないでしょうか。

多くの人が「あるべきリーダーの姿は、いつも強くて、正しくて、誰よりも優秀。実行力もあって決断力もあって……」と口にします。いわゆる強くカリスマ性のあるリーダー像ですね。

ところがよく考えてみてください。あなたのボスは全員が全員、そんな立派なリーダーなのでしょうか。

私も長年会社勤めを続けてきましたが、すべての上司がいわゆる「理想のリーダー」だったわけではありません。それどころか、正直にいうと、これっぽっちも尊敬できない、大っ嫌いな上司のもとで働いていたときもありました。逆に、ときどき失敗はあって一〇〇％完璧《かんぺき》ではないけれども、この人のためならがんばれる、というリーダーもいました。

世の中では「一億総活躍」とか「ダイバーシティ（多様性）の推進」とかいわれていますが、理想のリーダーだけは一つのパターンしかないというのは矛盾していると思いませんか？　**そもそもリーダーシップといっても、実はその時代背景によって求められるスタイルは異なります。**

『リーダーシップ3.0　カリスマから支援者へ』（小杉俊哉著、祥伝社新書）によると、二十世紀の初めには、自動車大量生産のフォードに代表される、権力者が頂点に立ち組織を支配する、中央集権的なリーダーが求められていました。

ところが、現在の社会は豊かで成熟しています。価値観は多様化し、市場の変化が激しく、競争はグローバルに。「品質」と「コスト」、「成長」と「環境保全」といった相矛盾する目標を同時に達成しなければならず、過去の成功体験が通用しない時代です。

このようなビジネス環境では、一人の強烈なリーダーシップ頼みで競争を勝ち抜くのは困難です。**広くアイデアを集めて、一見無関係に見えるようなもの同士をつないで、なにか新しいサービスを生み出すというような触媒的な役割を果たせるリーダーのほうが結果をもたらすことができるはずです。**『リーダーシップ3.0』のなかでは、チームメンバーと向き合いオープンなコミュニケーションをとり、組織と個人の主体性・自律性を引き出すリーダーこそが二十一世紀に必要だと述べられています。

これからめざすべきリーダーのスタイルとは?

リーダーシップに関する書籍も多く出版されていますが、いずれの本においても複数のリーダーのスタイルが列挙されています。

いくつか代表的な例をあげてみましょう。

ダニエル・ゴールマンらは、『EQリーダーシップ　成功する人の「こころの知能指数」の活かし方』(土屋京子訳、日本経済新聞社)のなかでリーダーシップスタイルは六通りだと言っています。

共通の夢に向かって人々を動かしていく前向きなスタイルで、ブレない信念や価値観をもつ「ビジョン型」に、裁量権を一人で握り、指示命令し命令に即座に従うことを要求する「強制型」。多くの人がリーダーと聞いて、すぐに思い浮かべるのがこのどちらかのタイプでしょう。

それに対して、周囲との和を重んじ、部下の感情に配慮して、友好的な関係を保つ「関係重視型」や、意思決定プロセスにメンバーを参加させ広く意見を求め、合意のもと仕事を進める「民主型」のリーダーシップスタイルもあります。思い当たるリーダー、いませんか?

また、自分の考え方、スタイル、やり方を押しつけず、相手との一対一の対話を通じて個々人の希望を組織の目標に結びつける「コーチ型」。さらにはリーダー自身の高い個人技で背中を見せて引っ張る、率先垂範型は「ペースセッター型」。

そのほか、ロバート・K・グリーンリーフが提唱した、「リーダーのために部下がいる」のではなく「部下のためにリーダーは存在する」と考え、部下の自主性を尊重し、部下の成功や成長に奉仕する「サーバント・リーダーシップ」が注目されたこともありました(『サーバントリーダーシップ』[ロバート・K・グリーンリーフ著、金井壽宏監訳、金井真弓訳、英治出版]参考)。

そして最近よく聞くのが「ファシリテーター型」です。このスタイルをとるリーダーは、さまざまな立場の人や意見の異なるメンバーでも全員が気持ちよく自分を主張できるような場をつくり、参加者の創造性や当事者意識を引き出しながら課題解決をはかるファシリテーターと、意思決定を行うリーダーを兼ね備えた存在といえます（『ファシリテーター型リーダーの時代』［フラン・リース著、黒田由貴子＋P・Y・インターナショナル訳、プレジデント社］参考）。

このファシリテーター型のリーダーというと、有名なところではGoogle会長のエリック・シュミット氏、星野リゾート社長の星野佳路《よしはる》氏などが思い浮かびます。

また、早稲田大学ラグビー蹴球部《しゅうきゅうぶ》元監督の中竹竜二さん（現ラグビーU20日本代表監督）も、「理想のリーダー」像にとらわれず、自分に合ったスタイルをつくり上げた、とても興味深い方です。

大学三年生までは公式戦への出場経験がなかったのに、人望が厚いという理由で四年生ではキャプテンに選ばれます。大学卒業後はイギリスへ留学したあと、三菱総研でコンサルタントとして働いていました。

中竹さんは清宮克幸前監督からの指名を受けて早稲田の監督に就任したのですが、

彼自身には誇れる実績もなかったため、スタート時には学生たちから相当に舐《な》められていたそうです。

それでも彼は選手と一対一での対話を続け、コミュニケーションにこだわり、それぞれの長所を見つけ、選手の自主性・自律性を引き出す努力をします。そうして見事、早稲田を優勝へと導いたのです。

彼は「東洋経済ＯＮＬＩＮＥ」（二〇一三年一月二十九日）のインタビューのなかで、こう言っています。

「世の中にはリーダーに対して完璧な理想像があります。しかし、私は子どもの頃からその『理想のリーダー』にはなれないと思っていました。足が遅くてプレーヤーとして突出していた訳ではないし、カリスマ性もありませんでした。

そんな私が早稲田のキャプテンとしてやったことは、その後提唱するようになるフォロワーシップと同じ。自分が引っ張っていくのではなく、メンバーが能力を発揮できるように心掛けました。もし私が世の中のイメージどおりの理想のキャプテン像を目指していたら、大失敗していたでしょう」

耳を傾けるべき考え方だと思いませんか。

これからは日本人だけで働く時代ではなくなるでしょう。文化的なバックボーンも考え方も年齢も性別も異なるメンバーで構成されたチームに対して、盲目的に俺の言うことを聞けといっても、まとまりっこありませんよね。

メンバーの意見をきちんと聞いて「あなたはどう思う？　どうすればいいと思う？」と聞けるリーダーが、これからの時代が求めるリーダー像なのです。

このようなリーダーが理想のリーダーだとすれば、まさに女性にはぴったり！

なぜなら、女性は観察力、共感力、調整力にすぐれており、人間関係や雰囲気を重んじる生き物だから。そしてその力を発揮して、メンバーの合意形成をはかることができると思うからです。

そう考えると、これからのリーダーには、「女性であること」が有利に働くかもしれません。

初めて管理職になったときの「思い込み」による大失敗！

当時の私のロールモデルは「理想のリーダー」

いまになってわかることですが、実は私が管理職として失敗したのも「強いリーダー像」にこだわりすぎたのが原因でした。

それは三十五歳のとき、それまでのチームリーダーから昇格して本格的な管理職になったときのことです。大阪にできる新設部署のマネジャーとして東京から赴任するという辞令を受け、私の脳裏に浮かんだのは、とある女性リーダーの姿でした。

その方は「超」がつくほど仕事ができて、必要があれば男性女性を問わず厳しいことをピシッと言えるような、まさに絵に描《か》いたようなバリバリのワーキングウーマン。一回り以上年長のこの女性、私から見れば本当に大人でかっこよくて、ずっと憧《あこが》れの方でした。ありがたいことに、私はこの方には新入社員のころからずっとかわいがっていただいていたのです。年に一回くらいのペースで、お食事しながら、さまざまなことを教えていただいていました。

「管理職をやってくれ」と言われたときに私の脳裏に真っ先に浮かんだのは、このスーパーワーキングウーマンです。ファッションも含めた見た目、話し方、部下への接し方……、それが本当に私に合っているのかどうかもわからないまま、私は無意識のうちに、強くて優秀な彼女をロールモデルに設定していたのです。

やがて着任した大阪で、私は人生で一番の手痛い目にあうことになります。

病気、蒸発、自己破産……驚くほどに発生するメンバーたちのトラブル!

新設の部署とはいえ私以外のメンバーは、顔見知り程度にはお互いを認識している関係でした。そこにポンッと落下傘として投入された私。

当時、その部門で最年少女性マネジャーになったことや、十五人ほどのチームのうち半数が私より年長者だったこともあり、メンバーの間ではお手並み拝見という雰囲気が漂っていたようです。

着任した私は、まずはメンバーのことを知りたいと思い、順番に面談をすることにしました。最初に時間をつくってもらったのは、少し年上の男性社員。私は、この男性スタッフの先制攻撃にさらされました。

「こんにちは、よろしくお願いします。今度こちらに着任した佐々木です」

私があいさつをしたとたん、彼はこう返してきました。

「なんで、僕じゃないんですか？」

……つまり、この業務を担当しているメンバーのなかで一番仕事ができるのは自分だし、次のマネジャーは当然自分だと思っていたのに、なんであなたなんだというのが彼の意図するところでした。

なんでと追及されても私には答えようがない。本当に面食らったのをいまでもはっきりと覚えています。

こうやって先制パンチをくらい、これはまずい、相当しっかりしないといけない、と肩に力が入ってしまいました。

「仕事もできて、毅然《きぜん》とした強いリーダーでなくてはいけない――」

一度そう思い込んでしまった私は、それ以来、頭のなかにあった「理想のリーダー像」に振り回されるのです。

「わからない」と言ってはいけない。弱みを見せてはいけない。そして、言葉遣い一つとっても「いつも冷静沈着に」と思い込んでいますから、メンバーからすれば「怖いし、冷たい」と映ったにちがいない。実際、あとから「あのときは佐々木さん、怖かったですよぉ」と言われました。

恐ろしいことに、一度ずれたベクトルは時間がたつほどに、その距離がさらに開いていきます。

もともとSEという仕事は納期の直前になるとかなりの激務となりますし、お客さまのオフィスに常駐する場合もあり、メンバーと日常的に会話をすることさえもむずかしくなるものです。

さらにはメンバーの半分が年長者。自分より経験ある人たち相手に、「強くてマッチョ」なリーダーでいようと虚勢を張っていたわけです。どう考えてもうまくいくわけありません。

結局、よくないことが重なり合って状況は悪くなっていく一方でした。

激務に疲れ果ててメンタル面に支障をきたす人が何名も出る。

蒸発したり自己破産したりするメンバーもいる。

自分の親世代ほどのメンバーの奥さまから「主人の様子がおかしいので休ませてやってください」とお願いをされてしまったり、蒸発したメンバーの捜索願を警察に出すご家族に同行したり、組合との団体交渉で部下の業務管理の甘さを問い詰められたりと、チームのミッション以外のことに東奔西走する日々でした。

自己破産だけは私の責任ではないと思っていますが、**新設のチームだったからこそ、もっと密なコミュニケーションをとらなくてはいけなかったのでしょう。**それができていればここまで悲惨なことにはならなかったにちがいないと深く反省しています。

結局、一年もたずに私は「緊急避難」ということでマネジャーを降格させられたのです。

「自分らしいカラーのリーダー」をめざす

十人十色のリーダーのおかげで呪縛から解放される

その後はプロジェクトリーダーとして業務にあたる「ヒラのＳＥ」に戻りました。それまでがむしゃらにやってきて「やるからにはマネジャーにだってなりたい！」とがんばっていた私はかなり傷つき、自分には管理職はもう絶対無理……とすっかり自信をなくしていました。

正直なところ、会社には自分の居場所がもうない気がしたし、「辞めたいな。辞めようかな」と思ったことが何度もありました。でも専業主婦になるにはどうにも違和感を覚えて、辞める決心もつかないままに日々の仕事をこなす三十代後半でした。この時期は振り返っても暗黒時代、いわゆる「黒歴史」です。

そんな調子で五年ほどの月日を悶々《もんもん》と過ごしたころだったでしょうか。四十歳の誕生日が迫りつつあったある日、私は上司のところへ足を運んで海外赴任を願い出たのです。

もともとIBMに入社したのは二つの期待を抱いていたからでした。それは、女性でもやりがいある仕事をさせてもらえるだろうという期待、そしていつか海外勤務もできるかもしれないという期待――。

前者は望みどおりではありましたが、後者は二十年近く働いてもまだ実現できていませんでした。毎年毎年、面談のたびに海外赴任、海外赴任と言いつづけてきたにもかかわらず、です。当時は同期のなかに何名か海外赴任している人も出てきているような状況でした。

もうすぐ私も四十歳を迎える。海外での生活に順応するにはある程度若くないとむずかしいだろう。もうリミットが迫っていると、当時はなぜかそう思い込んでいました。そう思いはじめたらいてもたってもいられなくなってしまい、私はすぐさま上司に直訴したのです。

「私はもうすぐ四十歳です。海外生活に適応するのも年齢的に厳しくなるので、海外に転勤させてください。そうでなければ会社を辞めます！」

言われたほうの上司も初めは驚いていましたが、本当にいい方で、すぐにあちらこちらへと目の前で電話をかけはじめました。

結局、彼から提案されたのは、アジア・パシフィック本部行きでした。

当時のIBMは、南北アメリカ、ヨーロッパ・アフリカ、アジア・パシフィックの三つの本部を擁していました。そのうちのアジア・パシフィックのヘッドクォーターならば席が用意できるというのです。

ところが当時、アジア・パシフィック本部がオフィスを構えていたのは六本木。アメリカでもなく、ほかのアジアの国でもない東京です。何度か出入りしていた勝手知ったるオフィスでした。もちろん外国人も在籍していましたし、日本人たちも英語で仕事をする環境ではありましたが、そうはいっても海外勤務とは異なります。

そんな中途半端な提案に私は不満でした。でも、上司にこんなふうに説得され、私は異動を受け入れることにしたのです。

「お前、外国に住んだことないだろう？　だとしたら急にアメリカへ行ったからって、仕事なんてできやしないよ。まずはアジア・パシフィック本部で、外国人の仕事のや

り方やものの考え方、外国人と仕事をするってこういうことかというのを学んでから
アメリカに出かけても遅くないはずだ」

このような顛末《てんまつ》で決まったアジア・パシフィック本部行きでしたが、これは私のキャリアにとって大きなターニングポイントとなりました。

ここでさまざまな国籍のさまざまな上司、そのなかでも多くの女性エグゼクティブとともに働いたことで、「理想のリーダー像」の呪縛《じゅばく》から解き放たれることができたのです。

アメリカ人、オーストラリア人、ベルギー人にフランス人と国籍も実にさまざま。
彼女たちのファッションも、宝塚男役のようにシャープでマニッシュな人、ふわっとフェミニンなタイプ、カジュアルな人もいれば、カチッとしたスーツスタイルの人もいる。

見かけだけではありません。しゃべり方やマネジメントスタイル、会議の進め方や部下への接し方、なにもかもが十人十色。

マネジャーから降格して五年、そこでやっと、私は「強いリーダー」の呪縛から解

放されました。

「あぁ、自分らしくていいんだ。その人なりのカラーでやっていけばいいんだ」

ロールモデルなんて本当はいらない

ワーキングウーマン向けの読み物などでは、よく「ロールモデル」という言葉を目にします。みなさんも一度は聞いたことがあるでしょう。

けれども、ロールモデルという言葉は女性活用の文脈で出てくることがほとんどで、男性が「自分にはロールモデルがいない」と嘆いているなんていうことは、あまり聞いたことがありません。

もちろん出産するのも、家事育児の負担が多くかかる可能性が高いのも女性ですから、ある意味当然なのかもしれません。とはいえ、ロールモデルに設定された女性とあなた自身は別の人間なのですから、一から十までモノマネするとなると、あなたのよさは失われてしまわないでしょうか。

私が最初にマネジャーになったときも、歩く「強いリーダー像」だった先輩女性のモノマネにすぎなかったのだと思います。自分の性格や個性も顧みず、ただかっこいい先輩をまねただけでは、言動に芯《しん》もないし血も通っていなかったはずです。そんなことではメンバーが「この人なら」と信頼をよせ、慕うわけがありません。

上辺だけ誰かのリーダーシップスタイルをなぞるよりも、自分のいいところを伸ばして、足りないところはそれぞれに秀でた人の力を借りるほうがいい。

そんなふうに思います。

What is your goal?

さらにもう一つ、私は大きな気づきをこの職場で得ることができました。

それは「自分の軸」です。

エグゼクティブから学ぶことが多いと実感した私は、いろいろと話を聞くべく、ランチをご一緒させていただくことにしていました。

すると、さまざまな会話のなかで、必ずといっていいほど質問されることがありました。

「By the way, Junko. What is your goal?」(ところで順子。あなたのゴールはなに?)

「ゴール? ゴールって……えーと、ゴールはもう一度、管理職になることかな?」

「No, no, Junko. That is not a goal」（違う違う順子。それはゴールじゃないわ）

みんなに聞かれるこのゴールとやらを、私はまったく答えられないのです。

質問の意味がわからないときの秘策は、逆質問。「あなたのゴールは？」と聞き返してみると、エグゼクティブたちから返ってきた答えは……、彼ら彼女らが働く目的、さらには生きる目的でした。

「私は仕事を通じてこんな貢献をしたい」「社会に対してこういうことをしたいから、そのための手段として仕事をしている」「最終的にこんなことをやりたいので、いまはそのステップとしてこれをしている」といった答えが返ってきたのです。

振り返って「では私は？」と考えると、恥ずかしながらそんな大それたことを考えたことがありませんでした。それよりは、目先の勝った負けたとか、同期と比べてイケてるイケてないとか。いま考えてもお恥ずかしいかぎりのことばかり……。

それからというもの、私は自分のゴールについて真剣に考えるようになりました。といっても、すぐに答えが出るわけもありません。一、二年かけてやっと納得できるものにたどり着きました。

私は、人と人とをつなぐことがとても好きでした。そして、そのようなことに関しては、どうやらほかの人より少し得意なようです。

たとえば、仕事をするなかで、日本のお客さまの気持ちや要望を外資系企業本社に伝えるとか、技術者の意図するものを営業担当にわかりやすく伝えていくとか、技術者の抱える課題・要望を経営陣にわかる言葉にして伝えて投資を引き出すとか、同じ思いをもつ人たちの声を部門を超えて取りまとめて新しいプロジェクトを立ち上げるとか……。こういうことが好きで、楽しいと感じるのです。

このことをあるエグゼクティブに話したら、「それはBridgingだね」と言われました。英語で「ブリッジ」は橋ですが、動詞では「橋を架ける」「橋渡しをする」という意味になります。この言い方がとてもすてきだと思いました。

自分がブリッジになることで、誰かが幸せになったりラクになったり、世の中に対してなにかよいことができたりしたら、どんなにいいだろう。

私はブリッジになりたい――。

こうしてゴールが決まったことで、私はすごくラクになれました。どこでどんな仕事をしても、その軸がブレていなければそれでいいという覚悟が定まったのです。

そう思ったら、それまで気にしていた目先のこと、たとえば同期がどうこうとか、勝った・負けたとかは、取るに足らない問題になっていきました。

私は暗黒の三十代を経て、四十代初めの異動で呪縛を解いてもらい、さらに自分のゴールを明確にする機会を授かりました。

少しだけ先に生まれたものとして、みなさんにアドバイスさせていただくならば、少しでも早くこの「自分の軸」を確立されることをおすすめします。

「コミュニケーションを重視」するとチームは強くなる

リーダーだって、教えてもらったり頼ったりしよう

アジア・パシフィック本部からの異動先は、ありがたいことに優秀な技術者が居並ぶチームでした。私も技術者出身ですが、レベルが違うというか、才能の塊のような人たちばかりで、私は教えを請う立場になりました。

こうなると「強いリーダー」面をして「私についてきて！」なんて言えません。けれども私は一応リーダーです。考えに考えた結果、**コミュニケーションを積極的にはかることで、彼らが働きやすい状況をつくることに徹する**――それが私の課題になりました。

とはいえ、「コミュニケーション重視」でいこうと、初めから意図していたわけではありません。走りながら考えるしかなかったというのが実際のところです。

とにかくメンバーから話を聞き、最高と思われるメンバーの組み合わせを考えて、

それぞれの弱いところを補っていくというように、チームの総合力を高めるために私が動く。私が貢献できる方法はこれしかないという、その気持ちだけでした。

私はたまたま管理職としてあなたたちの人事管理をしているけれど、それは私の仕事だからであって、別にあなたたちより偉いわけではない。たまたま私がそういう管理職なるモノに多少は向いている、もしくは経験があるからやっているだけで、人間的に偉いわけではないし上下もない。私の仕事はあなたたちなしにはできない。私よりもずっと知識があるあなたたちを、本当に尊敬し、頼りにしている。だからこのチームのミッションを達成するにあたって、一緒にやってほしいし、そのために私にできることは一生懸命するから。

こんな姿勢で臨みました。

さらには「強いリーダー」になろうとしていたときとは違って、今回は無理も力みもありませんでした。

なぜなら、私よりもメンバーのほうがずっと優秀なのです。力もうが張り合おうが勝ち目がないのですから、ただ素直に教えてもらったり、お願いしたりするしかありません。

そんな自然体でやっていたのですが、幸運にもこれが自分にも合っていて、走っている過程で自分のスタイルができあがっていった感じでした。

そのスタイルは、そう、自分の軸である「ブリッジになる」ということでした。

「ブリッジになる」ためコミュニケーションにこだわる

日本IBMは、営業職が出世をしていく会社です。技術者でも本当に出世したいと思うならば、営業職に身を転じないと先が見えてこないという風土がありました。

そういう会社でしたから、経営陣は営業の言葉で論理を構築しています。けれども私のチームメンバーは技術者ですから、同じ日本語でもそれが通用しないこともざらです。

そこで「ブリッジ」である私の出番。

経営陣から下りてくる課題を技術者に理解してもらうために「翻訳」をするのです。

そして、それらのミッションを達成するためには、チームメンバーはなにを欲しているのか、私はなにをしてあげられるのか、そこを見極めて要求を上司に通し、環境を整える。

このようにしてミッションを達成するにあたって、上司とメンバーの間のブリッジになる。営業と技術者、お客さまと技術者の間のブリッジになる――これこそがマネジャーとしての私の役目だし、そのためにはメンバーの得意不得意も好き嫌いも人生観も知っておきたい。

つまり、コミュニケーションが大切だと痛感したのです。


そこからは、ずれていた歯車がカチッとかみ合ったかのように、物事が動きはじめました。私自身も無理することなく楽しく仕事ができたし、とにかく仕事が前へ進むのです。この小さな成功体験を積み重ねながら、コミュニケーションをとればとるほどもっとよくなるということを徐々に確かめていくことができました。

こうして一度波に乗れるとよいことは続きます。処遇の面でもトントン拍子に昇進しました。その過程では訴訟をせざるをえなくなるというようなこともありましたが、それもいわゆる「ピンチはチャンス」だったのでしょう。結果的にはそのときの対応も評価され、なにかに背中を押されるように役員になったのです。

そして、自分のこのやり方がほかの会社でも通用するものか、それを確かめたくて転職することにしました。

それが日本マイクロソフトでした。

もちろん会社が違えば企業風土も異なります。でも、若干の微調整をすれば、コミュニケーション重視のマネジメントスタイルは有効なのだなぁと身をもって体験することができました。

リーダー自身が強く、完璧でなくても、無理に引っ張っていこうとしなくても、きちんとコミュニケーションをとることでメンバーからは信頼される。心を開いてもらえる。そして、信頼関係が構築されればミッションは達成できるし、強いチームになれる。

私は高い授業料を払って回り道をしてわかったことですが、余計な失敗をしなくてすむのなら、みなさんにはこのことを早めに知っておいていただきたいなと思います。

基本となるリーダーシップスタイルを確立し、使いこなす

まずは自分のスタイルを認識しよう

リーダーシップのスタイルが多数あることはすでに述べました。数ある書籍のなかには、いくつかの質問に答えると自分のタイプを教えてくれるものもあります。そこで判明したものがあなたの強みだといえるでしょう。

自信の根拠になる核を得るためにも、まずは自分のスタイルがどんなタイプなのか、認識しておきたいものです。そしてまた、できることならば自分のコアなスタイルだけではなく、ほかのリーダーシップのスタイルも状況に応じて使えるようにしておくと、さらによいでしょう。

たとえば、あなたは「強制型」のスタイルだとしましょう。チームメンバーが若くて経験の少ない人ばかりのときや危機的状況におちいっている場合などでは、みんなの意見を聞いていては時間ばかり過ぎてしまいます。とにかく前に進むことがなによ

りも重要ですから、その場合はそのスタイルがうまく適応するはずです。

それとは反対に、チームメンバーが総じて優秀だったりした経験豊富だったりした場合には、強制型で物事を進めようとしても、いたずらに反発を招くだけかもしれません。この場合は「関係重視型」や「民主型」のほうがうまく機能すると考えられます。

また、リーダーでもお母さん型というか、「どうしたの？ いま、なにに困っているの？ ちょっと貸してごらん」というような、手取り足取りの世話焼きタイプ——比較的女性がとりがちなスタイルです——では、中堅以上のメンバーには軽く見られてしまいかねませんし、メンバーが成長しません。そうならないためには、きちっとした目標と期日を示したうえで、メンバーに責任と権限を与えるほうがいいのです。

〝本当の〟強いリーダーになるためには、まず自分の強みと弱みを知ること。そして弱いところは補って、複数のリーダーシップスタイルを状況に応じて使いこなせることがベストです。

メンバーに弱点を補ってもらい、最強のチームをめざそう

すべてのリーダーシップスタイルを自由自在に使い分けるのは、とてもむずかしい

ことです。そんなときには自分の足りないところを補ってくれるタイプの人にそばにいてもらえばよいのです。

私自身のことをいえば、創造力や企画力、実行力はあるほうだと思うのですが、緻《ち》密《みつ》な分析力や詳細な計画の作成能力は必ずしも高くありません。

そのため、パッとひらめいたものをみんなにシェアして意見を聞いて、それをまとめて「よし、これで行こう！」というときはいいのですが、これでなくてはいけないという理由を理路整然と説明できないということがあります。

そのような場合には、チーム内で分析能力の高いメンバーに自分の考えを聞いてもらって、議論するようにしていました。

「私はこう思うんだけど、あなたはどう思う？」

そんなふうに聞くと、彼は質問魔になり、「どうしてそう思うんですか？」「こういうリスクについてはどう考えていますか？」などと聞いてくるので、それに答えていくうちに、徐々に自分の考えが明確になり整理できていくということがしばしばありました。

完璧なリーダーなんていないのと同じように、メンバーにもそれぞれ得意分野、不得意分野があるはずです。リーダーを上回る資質の部分でリーダーを補ってもらえるように、あらかじめ「こういう部分は頼りにしているから助けてね」と伝えておく。

自分のプライドに固執せず、お互いに補いあって総合力として最強のチームをめざすことができればよいのではないでしょうか。

いつも自信にあふれた堂々とした態度でなくても大丈夫

自分が強いリーダーになるのではなく、強力なチームをつくれるリーダーが強い

最初にマネジャーとなったときの失敗は、自分に力がないのに強いリーダーに見せようとして無理をしすぎたせいだったと思っています。

本当に強いリーダーは、態度や言葉が強いのではありません。総合力で強いチームをつくることができるリーダーが強いのです。

リーダー自身が強くなく弱々しそうに見えたって、チームが強ければ問題はない。そう考えると、リーダーが自信にあふれている必要はないと思います。

メンバーとしての自分の立場で考えてみてください。

たとえ素晴らしいリーダーだったとしても、いつも自信満々なリーダーに「ちょっ

と失敗してしまいそうです」とよろしくない状況を、あなたは気軽に報告に行けるでしょうか。リーダーが出ていけばすぐに丸く収まるものを、上に言えないばっかりに、自分でなんとか立て直そうとして余計に面倒くさいことになってしまう……よくあることですよね。

自信満々のリーダーにみんなが萎縮《いしゅく》し顔色をうかがいつつ「指示を仰がなくては」とか「ミスを報告しづらいなぁ……」と思うようになっていたら、そのほうが相当に問題あり、だと考えています。

それよりは「この人なら相談に乗ってくれる」とか「うちのリーダー、困ったときには頼りになる」と思ってもらえて、なんでも話せる雰囲気をつくることのほうがずっと重要です。

強烈なリーダーシップがなくても意見がまとまるとっておきのミーティング

リーダーがあまりにも全権を握っているとなると、メンバーが無力感にさいなまれる場合もあるでしょう。そうではないやり方でも、メンバーがボスのリーダーシップを感じられる方法があることをみなさんに知っておいていただきたいと思います。

その具体例として、私がとても尊敬しているアメリカ人上司による会議の進行法をご紹介しましょう。

ある案件について、どういう進め方をするかを決定する目的でミーティングを開くとします。彼はホワイトボードに、今日決めなくてはいけないことと、進め方A案・B案・C案を書き出します。さらに各案に対してのメリットとデメリットを書いていきます。

そこまで書いたうえで、「どの案がいいと思う？」「どうしてそう思うの？」「なにか見落としていることはないかな？」という質問を投げかけながら出席者全員の意見を順番に聞きます。出てきた意見を「なるほど！」「そういう観点もあるね」などと言いながらホワイトボードに追記しつつ、出席者を一周します。

ときには的外れな意見が出ることもありますが、そのようなときは「パーキングロット」に書いておきます。「パーキングロット」とは直訳すると「駐車場の一区画」という意味ですが、実際に駐車場まで行ってなにか書いてくるわけではありません。ホワイトボードの四分の一くらいのところに縦線を引いて「パーキングロット」と書き、その下に議論の途中で出てきたけれど、直近の話題とは関係ないのでいったん棚上げしておきあとで検討するべき項目を書いていきます。

こうしてひととおりメンバーからの意見を吸い上げたところで「みんな、意見を出してくれてどうもありがとう」とお礼を言います。そのうえで、「いろんな意見が出たが、僕は今回はA案で行こうと思う。なぜなら、こういう理由でB案のメリットよりもA案のメリットのほうが大きく、A案のデメリットはこういう形で回避できると思うからだ」と、判断の根拠をすべて伝えます。

パーキングロットに置かれた意見も、書き記されたことで、無視された、軽く扱われたという感じにはなりません。これらの項目は議事録に記され、必要に応じて別途検討の打ち合わせがもたれます。

このようなミーティングにすると強烈なリーダーシップはあまり感じないかもしれませんが、彼がみんなの意見をまとめてくれたという印象を与えます。実のところ答えはすでに彼の胸の内にあって、そこに誘導されていたのかもしれません。けれどもけっして「俺の意見を聞け」という強権的なやり方だとは感じないのです。

この進行方法にはとても感銘を受けたので、私もこのスタイルを取り入れています。意見が出ないケースもあるでしょうが、そのような場合は「そこのテーブルに置いてある付箋《ふせん》に書いて、あとで私にちょうだい」と言ったり、「私だけにメールしてくれてもいいよ」と告げたりして、なるべく多くの人から意見を引き出します。

そして決定したあとには「このように考えたので、こう決めました。こういう意見もありましたが、それに対してはこのような対処を考えています」となるべく具体的に私の頭のなかをみんなに理解してもらえるように伝えます。

自分の意見を聞いてもらえて、それが採用されればそれでいい。採用されなくても、それに対しての配慮がなされていると思うことができれば、メンバーとしては意見を表明することに対して躊躇しなくなります。

そして、**自分もチームに貢献しているのだという意識をもってもらうことは、チームの一体感を強化するのにも大切なことです。**

このようにして、「強いリーダー」ではなくても、「強いチーム」をつくっていくことはできるのです。

第2章

いつも「優秀なリーダー」でなくてはいけない、という思い込みを捨てる

「リーダーになったら嫌われる」なんて思わなくて大丈夫

リーダーは偉くなんかない

ここ数年、「ぼっち」とか「一人」という言葉を耳にすることがあります。「ぼっち飯」「一人焼き肉」「一人カラオケ」……。特に女性の場合、「一人」でいることをとても気にする傾向がありますね。

私の父は転勤の多かった人で、私も小学校だけで四校に通った転校生でした。ですから、その場の人間関係や空気を読むことに腐心していた経験もあるので、その気持ちはとてもよくわかります。

一つのチームにリーダーは一人。みんなから見られているというのは転校生と同じです。

だからこそ、メンバーにどう思われているのか、優秀だと思われているかどうか、慕ってくれているかどうか、そして、ひょっとして嫌われてはいないか……ということが気になります。

しかし、**リーダーというのはあくまで役割でしかありません。**

バレーボールのチームを例にとって考えてみましょう。

レシーバーから上がってきたボールを、スパイカーが打ちやすいようにトスするのがセッターの役割です。どの選手がどんなスパイクを打つかサインを出したり、敵の裏をかいて冷静な判断を下したり、とチームの司令塔的な存在です。

また一方で、得点を量産して勝利をもたらすエースアタッカーや、正確なレシーブ力でチームを救う縁の下の力持ち的な役割をするリベロも存在しています。

そしてチームには、キャプテンという役割の人もいます。練習メニューを決めたり、監督とみんなの連絡係をやったり、生徒会と交渉したりと、ほかのメンバーとは少し違った役割を担いますが、必ずしも一番優秀なプレーヤーがキャプテンになるわけではない。

これらさまざまな役割がそろってこそ、バレーボールのチームは成り立ちます。そして、どのポジションが偉い、ということはない。役割の違いなのです。

同様に仕事のリーダーも仲間の一人であり、役割にすぎず、偉いわけではない。そこを勘違いしなければ、好かれる・嫌われるということは、あまり意識をしなくていいと思います。

「いい人」と思われるより「信頼される人」をめざそう

私は、リーダーというのは、好かれることよりも尊敬され信頼されることのほうが重要だと考えています。リーダーはあくまでリーダーであり、どんなにいい人だと思われていても結果が出せなければ問題外です。それよりも「ちょっと厳しいところもあるけれど、いざというときには守ってくれる」とか「上司にも言うべきことは言ってくれる」人のほうがずっと「この人なら」と信頼できるものです。

子どものころのことを思い出してみても、学校の先生でも近所の大人でも、厳しいからというだけでその人を嫌いだとは思いませんでした。それどころか、物事をフェアに見ていてきちんと叱《しか》ってくれる人には、みんな一目を置いていました。それは子ども心にも思うところがあったということです。

それなのに大人になって、リーダーとして厳しい態度をとらざるをえない状況になって、嫌われたくないと思うのは、メンバーの〝人を見る目〟を疑っているようで、かえって失礼なことなのかもしれません。

人として好かれるかどうかと、リーダーとして尊敬されるかどうかを混同してはいけません。好き・嫌いという感情レベルの話に振り回されていては、リーダーとしての役割は果たせないと考えてください。

「人からどう見られるか」「優秀かどうか」は気にしなくていい

いままでを見られてきたからあなたはリーダーになっている

前項で「好かれる・嫌われるは気にしないでいい」と言いましたが、リーダーになったと同時に自分はどう見られているのかを気にする人もいます。

「あの人はいいリーダーだ」

「頼りがいがある」

「本当に優秀だ」

そんなふうに好感度が高く、優秀だと思われているのだろうか――。

「えっ、そんなことも知らないのか」

「上ばっかり見て、手柄はみんな自分のものにしようとしている」

「メンバーとのつきあい方が不公平だ」

逆に、そんな感じで見られてはいないだろうか――。

さらには、この問題は自分の手に負えないけれど、上司に助けを求めたら「リーダー失格」と思われないだろうか、などなど、いろいろと気になるものです。

たしかにリーダーはいつも注目されています。しかし、**これまでだって上司や同僚から見られていたし、見られていた結果としてリーダーに登用されたのですから、気負ったりせずに、いままでどおり自信をもってやってくださいね。**

上司はしっかりと部下の一挙手一投足を見ています。「はじめに」でも述べましたが、八割方あなたならばできると思っているからリーダーに任命するのです。それはけっして独断ではなく、さらに上級の上司や他部署のマネジャーとも相談して出した結論であることが多いものです。

もちろん、その話し合いのなかで「彼女にはまだ早い」と却下されることもあります。その場合たとえば「彼女の強み、実績はこれなので、将来リーダーになれる可能性がある。ただし現場経験と五人以上のチームを率いる経験が不足しているから、半年以内に配置替えをして成長を見よう」というような話し合いをマネジャー間でしています。

任命する場合は「彼女には非協調的な部下を率いる経験が不足しているから、この部分は当面上司のAさんがコーチングしていこう」「社内経理・法務部門との交渉経験を積む必要があるので、このプロジェクトに入ってもらおう」など、ちゃんと分析し、備えを検討しています。

そんなにかんたんに〝棚からボタモチ〟的にリーダーをお任せすることはまずありません。「この人なら大丈夫だ」と上司が考えているから、リーダーに登用されたのだと安心してください。

リーダーに抜擢《ばってき》されるような優秀な女性であればあるほど、「いつも優秀でないといけない」という呪縛《じゅばく》にとらわれている人も多いようです。とはいえ、どんなに優秀な社員でも会社の仕事すべてを知っている人はいません。いつも自分がもっとも優秀であるということは不可能です。

だとしたら、自分ができないことについては、まわりの人に助けてもらえばいいのです。

メンバーや上司との関係を俯瞰してみよう

すでに「リーダーはみんなのために何ができるかを考える」と言いましたが、もうワンステップ階段を上って、そして振り返ってみてください。あなたが置かれている状況と組織を、一歩引いて俯瞰《ふかん》していただきたいのです。

リーダーであるあなたは、上司とメンバーの間で板挟みになっているのではありません。チームメンバーはあなたを助けてくれる存在であって、「管理」する対象ではないのです。

そして、**あなたの仕事はいつも優秀な姿でお手本を見せることではなく、メンバーが働きやすく結果を出しやすいように助けることです。**

具体的にいえば、メンバーではできないようなこと、他チームとの調整や上司との調整ということになるでしょう。

さらに付け加えると、上司もあなたを助けてくれる存在です。なにか困ったことがあったらSOSを出してもまったくかまわないのです。

私もこれまで、何人もの上司に助けてもらってきています。

新しい職場に移ったときには「三カ月の間はなにがあってもあなたを守るから、困ったことがあったらいつでも言ってね。でも、あなたの準備が整ったと自他ともに認めたら手を放すよ」と言ってもらったこともありました。

部下のSOSを受け止めてくれない上司なんていませんし、抱え込んでしまって大事になってしまう前に、早めに相談してくれたほうがずっといいのです。それによって「できないリーダー」と判断されるようなことはありません。

謝ったり折れたりしても恥ずかしいことなんかない

「耳に痛い話」も素直に聞き入れよう

「優秀なリーダーでいなければ」と思うあまりに、謝ったり、かんたんに折れたりしてはいけない、と思っている人もいるようですが、**本当に優秀な人とは、自分が知らないということを知っている人、自分の非を認められる人だと私は思います。**

メンバーの意見を聞くなかで、リーダー自身の考えが間違っていたり見当違いだったりということもあるかもしれません。なぜなら、メンバーのほうがその分野に関してくわしかったということも少なくないからです。

そのようなときに「リーダーの沽券《こけん》にかかわる」なんて考えて、是が非でも自分の意見を通そうとしていたら、メンバーの心は離れていくばかりです。

メンバーをあなどることなかれ。みんなきちんとあなたのやることを見ています。

どんなに優秀なリーダーだって、人間ですから、ミスすることだってあります。間違えることは恥ずかしいことではありません。それ以上に恥ずかしいのは、過ちを認められないこと。

「この人なら、耳に痛いことでもきちんと聞いてくれる」

メンバーからそう慕われ、信頼されてこそのリーダーです。

謝ることができないとか意見を曲げないようでは〝裸の王様〟になる日も近い。

そして耳に痛いことを教訓にできないようでは、ミッションの達成は遠のいてしまいます。

自分がこのチームに貢献できることはなんなのか――。

そこさえブレなければ、リーダーが謝っても、折れても、まったく問題ないと思います。

変に空気を読んで、流されすぎてはいけない

「昔からそうだから」という理不尽には異を唱えてみよう

あちらこちらの空気を読みすぎて、気疲れしている女性リーダーを目にすることがあります。優秀だからこそ、メンバーのそれぞれの立場や気持ちもわかってしまうのでしょうね。でも、空気に流されるだけになってはいないでしょうか。

たとえば、その後参照したり修正したりすることがほとんどない資料なのに、お客さまに納品するときに必ずセットでつくらなければいけない書類など、みなさんの会社にもないでしょうか？

私もかつて同じようなことがあったのですが、先方と交渉した結果、そういった資料をつくらなくてすむようになりました。資料作成の時間がなくなったおかげで、納品期間も短くすることができたのです。

また、月に一回、必ず定例ミーティングを開いているものの、活発な意見が交わさ

れるわけでもなく、時間もやたらかかってしまう。それを思い切ってやめてしまったところ、かえって生産性が上がった、立ち話でも活発にコミュニケーションがとれるようになった、ということもありました。

これらはあくまでも一例にすぎませんが、そのような「昔から続いてきているから、これからもそうして当たり前」という理由だけで続いていると思われる慣習や慣行に遠慮せず疑問を呈したり、異を唱えたりできるのは女性のいいところではないでしょうか。私の肌感覚になってしまいますが、こうした正義感が強いのは男性よりも女性だという気がしています。

ただし、その際には言い方に気をつけたほうがいい。相手の顔をつぶさないように、感情的にならないように、論理的に言うようにしてくださいね。

自分一人が考えているのではなく、みんなが内心で思案していたようなことやみんなが困っているようなことを、さらっと言えたらすてきだと思います。

するべきことは損得勘定ではなく、正しいこと

価値観は人それぞれですが、一般的に男性のほうが社会的な地位と自分の価値がリ

ンクしていると考えがちです。それに対して女性は「出世しよう」という野心をもっている人が少ないからか、損得勘定関係なしに、信条を貫ける人も多いのではないでしょうか。

自分のことを語るのは口幅ったくもありますが、私には「ダーティなことをしてこなかった」という自負があります。英語でいうところの「Do the right thing（正しいと信ずることをする）」を心がけてきました（ちなみに、そのあとは「at the right time」と続き、「正しい（適切な）ときに正しいことをする」という意味になります。これも含めて私の座右の銘です）。

有力な派閥に取り入って昇進するような男性をこれまで何人も見てきました。私も人間ですから、抜かされれば焦る気持ちがわき上がったこともありました。さらに過去には「ある程度融通を利かせないと昇進できないよ」というニュアンスのことを言われたこともありました。

けれども、絶対にそのような要求を飲むことは私にはできなかった。たとえ回り道をすることになってもいいから、どうしてもそういうことはやりたくないのです。

そしてあるとき、後輩男性から「佐々木さんは信念を曲げない人ですよね。そうやって信念を貫いた結果、役員になったことにみんな勇気づけられているんですよ」と言ってもらいました。それは本当にうれしく、報われたなぁと感じたひと言でした。

みなさんも、「おかしいかも」と思うことがあったのならば、変に空気を読みすぎることなく、声を上げられる人でいてほしいなと思います。

結果をすぐに出そうと焦りすぎないで！

目標が達成できないと思ったときには、とにかく話す

リーダーを任されると同時に数値目標をもたされることもあるでしょう。もちろんすぐに達成できたらすばらしいですが、そんなにうまくいかないこともあるはずです。優秀なリーダーであるほど、そんな状況に苦しんでしまうのではないでしょうか。

うまくいかない場合は、とにかく「話す」ことが大切です。

まずは上司に相談します。悪いニュースほど早めに聞かせてほしいというのがボスの本音です。「ダメでした」ではなく、「うまくいかないかも」くらいのタイミングで報告したほうがいいでしょう。

また、その言い方も「無理そうです」というだけでは足りない。そうではなくて、「この目標を達成するためには、AとBとCができていないといけないんです。そのうちのAとBはできているのですが、Cはまだできていません。それをやるためには、

DとEをしなくちゃいけないので、あと二カ月くらいお時間をいただきたいです」とか、「やはりCの代わりにFをやります」などというように、きちんと上司に説明すること。無理なら無理だという理由を、論理的かつ具体的に説明しましょう。

そう説明して、了承してもらえるかもしれませんし、「いいから、とにかくやれ」と言われてしまうこともあるでしょう。「これをやれば、そこは解決できるんじゃないの」と違う解決法を示してもらえる可能性もあります。

お互いに納得いくまで上司と話をしたら、今度はメンバーと話し合います。「チームとして与えられている目標のうちCがまだできていない。そのためにはEとFをやらなくちゃいけない。だから、Eのうちのここを○○さんには期待しているけれど、お願いできるかな。それで、Fはとてもむずかしいと考えているんだけれど、どういうふうにやればいいと思う?」と、メンバーの合意を取りつけます。

そのうえで「では、ここはお願いします」とか「これは後回しにしよう」「ここの人手が足りないから、新しくアルバイトの人を一カ月お願いしよう」とか、小さく切り分けて、一つずつ取り組んでいくようにします。

目標は、自分も言葉で説明できるまで確認する

話は前後しますが、**目標を与えられたときには「なんとなく」引き受けてはいけません。**

「どうしてそういう目標になるのか」
「その目標が与えられた背景はなんなのか」
「自チームに期待されているのはなにか」

そういう根本的な部分も含めて、自分がメンバーに説明できるように、納得するまで聞きましょう。

なぜなら、場合によってはその目標には交渉の余地があるかもしれないからです。

さらには目標についてメンバーから質問されたときに「私もよくわかんないけど、上に言われたから、がんばろう」では、メンバーの協力は得られるはずがないばかりか、信頼関係に傷もつきかねませんよね。

実は、私も苦い経験をしています。

かつて、とある部門のリストラを任されたときのことです。

「リストラをしろ。メンバーは君が選んでいいから」

「はい、わかりました」

こう請け負ったところまではよかったのですが、メンバー三人で計画をつくりはじめたところで暗礁に乗り上げたのです。

上司の言うところのリストラというのが、部門をつぶすことなのか、その部門の社員全員に次の仕事を見つけることなのか、部門の売却なのか、わからなくなってしまいました。

そこで恥を忍んで「すみません、最初に聞いておけばよかったのですが……。リストラって、いつまでになにをすればいいのでしょうか」と聞きに行ったのです。上司の答えを聞いて、びっくり！「一年以内に部門の売り上げを二倍にする」ことで、私たちが考えていたのはまったくの見当違いでした。いわゆるリストラの本来的な意味である「事業の再構築」を上司は指示していたのです。

売上倍増といっても、三年の猶予をもらえるならばやり方はまた違ってきます。また倍増というのも売り上げなのか利益なのか、利益でも営業利益なのか純利益なのかで違ってきます。

ふわっと言われて、なんとなく請けてしまった私が悪かったのですが、あのまま事を進めていたら、プランを提出した時点で大目玉をくらい、メンバーにも多大な迷惑をかけていたでしょう。

この経験から、上司から下りてくるものは目標の内容やそのゴールについても、「いまのお話は、こういう理解でいいでしょうか？」と、しっかり言葉にして合意形成をしておかなくてはいけないと学びました。

〝なんとなく〟わかった気持ちでいると、結局、上司にもメンバーにも迷惑をかけることになります。リーダーとしての信頼に傷をつけることに比べれば、初めの段階で上司に質問することなど、取るに足らないことですよね。

若いころにたくさん失敗したほうがいいに決まっている

リーダーに抜擢されるということは、優秀であるということの証明です。でも、優秀な人でも必ずといっていいほど失敗を経験しています。完璧《かんぺき》に見えるあなたの上司だって、過去にはきっと大失敗を犯しているはず。

それにもかかわらず、多くの人は失敗や初めてのことへの挑戦を強く恐れる傾向があるように思います。

失敗しても命を失うわけではありませんし、若いリーダーの失敗くらいで会社がつぶれることはありません。私もリストラの件以外にもいろいろと失敗をして、その都度学んできましたが、おかげさまでいまも仕事を続けられています。

若いころには、心からへこむような失敗をたくさん経験したほうがいいと思っています。失敗からの学びは大きく、その人の幅を広げてくれるのです。失敗からのリカバリー方法も学べます。失敗する前に気づいて軌道修正するのも上手になります。

たくさん失敗したって、大丈夫。優秀すぎなくても、大丈夫。それくらいの気持ちでいられたらいいですね。

第3章

いつも「コミュニケーションが完璧なリーダー」でなくてはいけない、という思い込みを捨てる

話すとき、伝えるときには女性だからと力みすぎない

芯がブレていなければ、迫力はいらない

「リーダーとはいっても、女性だからと舐《な》められたくない」

そう思って力みすぎると、リーダーとしてコミュニケーションをはかるときに、"迫力"が欲しくなるのかもしれません。とはいえ、迫力を前面に出さなければリーダーシップというのは発揮できないものなのでしょうか。

私もかつては、「女性だから余計にがんばらないといけない」「女性だというだけで任せてもらえないのではないか」と思っていた時期がありました。

ただ数年が過ぎて、仕事がしっかりできていれば、慕われる・慕われない、信頼される・されないは性別に関係ないことがわかってきました。

そう、私が「女だからと舐められてしまわないように！」と肩ひじ張ってコミュニケーションしていたのは、見当違いもはなはだしいことだったのです。

男性でも女性でもきちんと話せば、しっかりとこちらを向いてもらえます。私があんなふうに思い込んでいたのは、自分の実力のなさを直視せず、自分自身に「女だから」という言い訳をしていたのだと思います。

コミュニケーションの目的とは、相手に自分の意見を伝えて、相手になにか行動を起こしてもらうことです。リーダーであるならば、チームのメンバーに考え方を浸透させて、きちんと仕事をしてもらう。そのうえでリーダーは、最終的に責任をとることが仕事です。

そこさえブレていなければ、メンバーに「ごめん。私、ここがわからないから教えて?」と言っても、「ここだけは譲れないけど、それ以外はあなたのほうが経験豊富だからお願いしていい?」とお願いしても、なんら問題はありません。そして助けてもらったら、にっこり笑って「ありがとう!」と感謝の気持ちをきちんと表す。

そこに迫力なんて必要ありません。

信頼を得るコミュニケーションスタイルとは？

そうはいっても、リーダーとしてあなどられるようなことがあってはいけません。そのためにも、信頼と尊敬に値するリーダーらしいコミュニケーションスタイルを身につけておくことは大切です

私もふたたび管理職になってからは本を読んだり研修を受けたりして、コミュニケーションについて学びを重ねてきました。特に日本大学で教鞭《きょうべん》をとられている佐藤綾子先生のパフォーマンス学講座で、相手の心を的確に読み取り、自分自身の内面を正しく相手に印象づけ、相互理解を深めるための理論とスキルを学んだことは、仕事をするうえでも、私生活でも、大きな財産になっています。

この講座では最上級のクラスまで通い、エグゼクティブビジネスインストラクターの資格をとりました。講座で得たことや佐藤先生の書籍（『自分をどう表現するか』『非言語表現の威力　パフォーマンス学実践講義』［ともに講談社現代新書］がわかりやすく網羅されていて、おすすめです）のなかから、すぐ取り入れられることをいくつかご紹介しておきます。

まず、話し方について。**低めのトーンで、ゆっくり、大きめの声で話すこと、これを意識してください。**早口だとか声がか細い人は練習しましょう。恥ずかしい気持ちはよくわかりますが、自分の声を録音したり、プレゼンテーションを録画して、自分で聞いたり見たりするのが一番の練習になります。

小さい声やおっとりした話し方のほうがかわいらしいと無意識的に考えている女性が多いのかもしれません。成長の過程で、そのようにしつけられているということもその一因だと思います。けれども、あくまで仕事ということから考えれば、プロフェッショナルとしての話し方を優先しましょう。

服装に関しても、おしゃれかどうかよりも、信用や信頼を得られるものかどうかで考えます。業種や社風にもよりますし、必ずしもスーツを着用する必要はありませんが、きちんとしたジャケットにブラウス、ボトムスはパンツルックかスカートというような、オーソドックスなスタイルがよいでしょう。

最初にギョッとするようなイメージを与えておいて、あとから「この子、意外とできるじゃん」と思わせるという高等テクニックもあるにはありますが、わざわざリスクをとらなくてもいいと思います。

特に初対面であれば、人の第一印象はわずか二秒で決まるといわれています。目から入る情報は、耳から入るものよりも多いので、最初から「この人はきちんとしていそうだ」と思われたほうが「お得」なのです。

「リーダーらしい自分」をプロデュースする

女性は男性に比べて服装やお化粧など選択肢が多いからこそ、場に合わせてうまく使いこなせるようになりたいものです。自分を「プロデュース」するつもりで考えていけばいいいと思います。

具体例をあげて説明しましょう。

かつて一緒に仕事をしていた女性は、当時三十歳くらい。きれいに巻いた長い髪に、マスカラの広告から抜け出たようなまつげ、スカートはいつもバルーンスカートやフレアスカートというういでたちの〝ザ・お嬢さん〟でした。

伏し目がちに、細くて高い声で話す内容も「私がやります！」ではなくて、「○○させていただきます」「私のほうでサポートさせていただきます」など、主体性をあまり感じさせない言葉選びでした。

そんな彼女と面談していたときです。今後なにをめざしているのかを聞いたところ、彼女は「現場のスタッフでなく、企画系のマネジャーをやりたい」と言ったのです。

私は内心びっくり！

「悪いけど、全然そうは見えないわよ。ずっとスタッフ、ずっとサポートでいいですっていうオーラが全身から出てるみたい」

さぁなんて返答してくるだろうかと思っていたら……彼女は泣き出してしまいました。アイメイクが崩れて、「黒い涙」を流しながら。

私は続けました、

「もしも本当にマネジャーをやりたいと思っているのだったら、悪いことは言わないから、髪形、メイク、ファッションも変えて、サポート、サポートって言うのは、やめたほうがいいよね。それに、もう少しはっきりとしたしゃべり方にしたほうがいいと思う」

そして翌週――。

なんと彼女は、髪形もメイクもすっかり変えて紺のスーツで出社してきたのです！

変に意地を張ったりせず、素直に自分を省みたのは彼女のすばらしいところです。私もすっかり感心しましたし、彼女の本気度を感じ取りました。
さらに半月ほどたったころでしょうか、彼女の男性同僚がやってきて、私に「最近、発言も意欲的になってきたんですけど、佐々木さん、彼女になにか言ったんですか？」と聞いてきました。それくらい、急に変わったということですね。

形から入っても、人間の中身はけっこう変わるものです。もちろん本人も自分を変えようと努力したのでしょうが、外見もあと押ししたはず。女性は特に洋服やメイクで気分も左右されますから、変わるためにはそれらの力を借りるのも効果的だと思います。

あなたが映画監督だったとして、職場のドラマをつくるときに、この女性リーダーにどういう服を着せて、どういう靴やカバンを持たせるか。そのような視点で考えるのもいいと思います。**まずは外見から自分をプロデュースする、そして中身もそこに近づけていこうと努力するのです。**

ちなみにこの彼女、現在は本人の希望どおり、人事部門のとある部署でマネジャーとして活躍しているそうです。

コミュニケーションの目的とは、相手に行動を起こしてもらうこと

コミュニケーションは、「マーケティング思考」でいこう

繰り返しになりますが、コミュニケーションの目的とは、自分の考えを相手に伝えて、相手に適切に動いてもらうことです。

ときどき、自分の意見を押しつけようと議論をふっかけたり、きつい口調でまくしたてたりする人もいますが、コミュニケーションに「勝ち負け」はありません。要は、目的を達成できればいいのです。

コミュニケーションを「マーケティング」のようなものだと考えてみてはどうでしょうか。

マーケティングではある商品の価値をお客さまに伝え、買っていただくためにはどうすればいいかをあらゆる角度から検討・実施します。

市場調査を行い市場やニーズを理解したうえで、市場にはどんなお客さまがいるの

かグルーピングし、どんなお客さまに向けて商品を売りたいのかを決め、競合製品を考慮して自社製品のコンセプトを固めます。それが決まったら、実際の製品づくり。狙《ねら》っているお客さまのことを頭に置いて、製品・サービスをつくり込んでいきます。同時に価格はいくらにするか、販売経路をどうするか、プロモーションはどうするか、イベントを開催するのか、広告を打つならどんな内容にして、雑誌、テレビ、ラジオ、ネットのどこに、いつ、どんな頻度で、お店のディスプレーはどんなふうに……などなど、考えること、できることはたくさんあります。

ようするに、やることはそれと同じことなのです。

商品に該当するものが自分だったり企画だったりするわけですが、**企画の採用や自分の売り込みといった目的を達成するために一番効果的な相手に、一番効果的なタイミングで、一番効果的なメッセージを届けるようなコミュニケーション方法をとればよいのです。**

自分の意見を通すために議論をふっかけても、議論すること自体が目的になっているのであれば、相手が誰であれ、それはまったく生産的なことではありません。もちろん、議論を戦わせるというのが一番よい方法だと考える場合は、話は別です。

ただ、男性であれば議論をふっかけても「口が達者だな」と思われるぐらいですむかもしれませんが、残念なことに、女性である私たちが同じことをすると、「すごくイヤなヤツ」「生意気なヤツ」と思われることが少なくありません。

そもそも議論をするのは、なぜなのでしょうか。

先ほどの「マーケティング思考」で考えてみると、職場で議論をする目的とは、みんなでなにかを一緒に達成したい、もしくは目的を達成するためになにかをしてほしい、または、問題となっていることをやめてほしいからだと思います。

そうであれば、その目的を達成することができるのなら議論なんて必要なく、議論に勝つ必要もない。

最初から目的をよく意識してコミュニケーションすれば事は足りるはずです。

相手もこちらも気持ちがよくなる「ＷＩＮ－ＷＩＮ」な話し方

男性や目上の人にも勝つような議論上手でなくてもいい

「マーケティング思考」で考えていくとなにか協力してもらいたい、あるいはなにかをやめてもらいたいというときには、その相手が「いい気持ち」になってくれて、協力してくれるのがベストです。

つまり、相手にとってもこちらにとっても「ＷＩＮ－ＷＩＮ」の結果を招くようなコミュニケーションをはかるということです。できるだけそうなるように、説得材料をなるべく多く用意したいところです。

とはいえ、その人を直接説得しきれないこともありえます。そのようなときには、違うところからアプローチ。その人が尊敬している、意見をよく聞く、あるいは恐れている人は誰なのかを探り、その人からひと言言ってもらうという方法があります。

その人が言うことを聞かざるをえないような雰囲気になるように、事前に根回しをしておくという手もあります。

「AさんにもBさんにも賛同いただいています。Cさんはこれをやってくれるそうです。どうか、Dさんもご協力をお願いします」というように、コーナーに追い詰めることが必要な場合もあるでしょう。

自分のほうがちょっと譲歩できることを事前に考えておくというやり方もあります。相手が男性の場合、女性に言い負かされることは「男性の沽券《こけん》にかかわる」のか非常にイヤがられるため、そこは上手に譲ってみせて、実をとるやり方を覚えるのも大切です。

方法はいくつもあるけれど、**あくまでもコミュニケーションの目的は、その人との議論に勝つことではなく、その人になにかを協力してもらうことや、なにかをやめてもらうことなのです。**

上手に甘えるやり方というものも、覚えておいて損はありません。もちろん、いつもおねだりばかりしているのでは、「またたよ……」とあきれられるだけで、そのうち誰にも聞いてもらえなくなります。きちんと自分のやるべきことをやったうえで

「どうか本当にお願いします」とか「Aさんしか頼れる方がいないんです」と甘えるのは、問題ないのではないでしょうか。

「だから女は……とか言われそうで、そういうのはイヤだわ」と思うかもしれませんが、女性だからそういう甘えが許されるということではなく、実は男性でも業績をあげていらっしゃる方々はそういう甘えを上手になさっていますよ。

また女性からのお願いだと、男性上司や先輩というのはプライドをくすぐられるのか、なんとかこたえたい、いいところを見せたいと思ってくださるようです。

でも、それを安易に頻発すると「誰にでもそう言っている」と思われてマイナスになりますから、そこは注意をしなくてはいけません。ここぞというときだけ、かつ、やることはきちんとやったうえで、「どうか、お力を貸していただけないでしょうか」とお願いするのがポイントだと思います。

知っておきたい！ 相手を不快にさせずに意見を聞かせる方法

優秀な女性は論理的であろうとするあまり、交渉中でも「それは違うと思います」などと強くやってしまう。恥ずかしながら、まるで昔の自分を見ているようです。もしかしたら女性のほうが一本気な性格の方が多く、うまく自分の意見を滑り込ませるのは苦手なのかもしれません。

いったん「反発された」と思うと、心のシャッターを閉じて店じまいする方が一定数います。そうなるとますますこちらの主張を聞いてもらおうとしてヒートアップする……という悪循環におちいります。

自分の意見を聞いてもらうためには、言い方というのが非常に大切。具体的には、ヒステリックに言わない、文句のように言わない、相手の顔をつぶさない。

また、「クッション言葉」を上手に使うことが話を聞いてもらう方法として大きなポイントになります。実は、男性陣はそういうことがけっこう上手です。それがうまい方はスマートに、自分の意見を、しかも相手の主張を否定するような意見もさらっと言います。

例を出していうならば、「いまの、営業部さんの発言はたいへんすばらしいと思いました。技術のサポート担当としてひと言付け加えますと……」などと、「とてもいい意見だった」と一度は肯定的に受けておいて、「さらにひと言付け加えるならば」とクッションをはさみ、それまでの話の流れに逆行する意見を口にするのです。

内容的には反対意見を表明しているのですが、字面の上では「アンド」でつないでいくという手法です。相手の言い分を一度は認めているにもかかわらず、そこに続くのが異なる意見だったとは、なんとも矛盾にも思える荒業です。

ところが、これがけっこう有効なのですね。「そこに付け加えるならば」とか「こういう観点でひと言いいですか」と、柔らかい感じで言われると、それを受け取るほうは否定されたとは感じないようです。

これをさらりと繰り出せるしたたかさを備えていて損はないでしょう。ぜひまねしてみてください。

正論を主張したいときには毅然とした態度で伝えよう

リーダーは「していること」も「していないこと」も両方見られている

ときには、相手を不快にさせないとか、みんなの顔を立てるとか、そういうことは関係なしに、ぴしゃりと正論を主張しないといけないこともありえます。その際には、女性男性関係なく、毅然《きぜん》とした態度が必要です。

私が中国に赴任していたときのことです。中国人から見た外国人社員同士のトラブルが発生しました。

いろいろと事情を知るにつれ、これはどうしても一人の社員に辞めてもらわなければならないだろうと思うようになりました。

トラブル自体は仕事に関するものではなくプライベートなことではありましたが、ＩＢＭには「良き企業市民であれ」という理念があります。その人にはこう言って辞めてもらいました。

「この度の件を私は看過することはできません。あなたのしたことは人として問題があると思います。本当に残念だけれども、私はあなたと一緒に働きたくないし、あなたをお客さまとのチームに入れるわけにはいきません。ですので、会社を辞めていただきます」

こういうことを告げるときというのは、自分の伝える力がどれほど冷静なのかということが問われます。

このときは人事部門と相談して、理論武装したうえでの解雇宣告でしたが、事前にはさまざまなシミュレーションをしていました。実際にも、解雇を告げる面談の実施時刻、場所、座る位置、表情や声のトーンなど、細心の注意を払いました。その人も覚悟していたのでしょう。もめることなく、すんなりと退職していきました。

その後、さまざまなことがわかってきました。

もともとその人はあまり評判がよくなかったにもかかわらず、外国人社員ということで甘やかされていたのか、それまで放置されていたということ。そして外国人同士でも私が変にかばったりせずに処分したことを知って、現地スタッフがとても喜んでいたということ……。

メンバーはリーダーのことをしっかりと見ているのです。やったことも、反対にやらなかったことも見ています。

なにをやったか、そしてなにをやらなかったか。それこそが、話をすること以上のコミュニケーションになっているのかもしれません。

リーダーであれば、イヤなことも言わなくてはいけないでしょうし、ときには上司に意見する必要もあるでしょう。そこで保身に走ったり、おざなりな対応でお茶を濁したりしていては、「この人なら」とは慕われないのではないでしょうか。

たとえ正論だったとしても、伝え方がある

思い込みの「強いリーダー像」に振り回されないように、とお伝えしていますが、正論を主張したいときには、それこそ強さも必要ですし、正しい伝え方があると思います。

正しいことを論理的に、そして、それ以外の態度の部分にも気を配らなくてはいけません。

女性は基本的に高い声を発するのですが、あえて低めのトーンにして、ゆっくりと、大きめの声で、はっきり話すこと。そうすると信頼感が生まれます。普段の話し方もそちらに寄せていきたいものですが、正論を主張するときには余計に意識しましょう。

また、強めのアイコンタクトも必要です。まばたきが多かったり、目が泳いだりすると自信なさげに見えてしまいます。

そんなことでは「これならすぐに覆せる」と思われてしまいますから、目線が合ってもしっかり見つめつづける。

そして、**なによりも毅然とした態度が大事。内心はドキドキしていても、それはひた隠しにして、きっぱりとした態度で臨まなくてはなりません。**

これらをすぐに実行するのはむずかしいかもしれませんが、大丈夫。場数を踏むうちに上手になっていきます。

自分やチームのアピールをさりげなく、上手に行う方法とは？

会話のなかでメンバーの名前を積極的に出そう

上司にわざわざ時間をとってもらって、「○○さんはこういうところがとてもよくて……」などとチームメンバーのアピールをするのは、なかなか上手にはできないものです。

そうではなく、普段の会話のなかで、「この資料は○○さんがつくってくれたんですよ」と言ってみるとか、「この業界に関してはやはり△△さんがくわしいので、とても助かっているんです」などとさりげなく言うことで、十分メンバーをアピールしていることになると私は考えています。

折に触れてメンバーをほめているリーダーに関しては、マネジメント側もとてもいい仕事をしていると評価するものです。メンバーの育成も一生懸命やっている証拠ですから、上司はいい印象を抱きます。

反対に「この書類、私が徹夜してつくったんですよ」とか、「まったく、うちのメンバー全然仕事ができなくって」というような、愚痴とも自分のがんばりアピールともわかりかねるような発言をするリーダーに関しては、厳しいようですが「この人はわかっていないなぁ」と思ってしまいます。

チームのメンバーは、一〇〇%ではないでしょうが、リーダーであるあなたにある程度選ぶ権利があるはずです。そして、指導方針も自分で決められます。

それでいて悪口だったり愚痴だったりに思えるようなことを口走るのは、自分の無能さをさらけ出していることと同じだとマネジメント側は受け取ります。

それより断然いいのは、チームメンバーをいつもほめるリーダーです。

私も何人もの上司に言われたのは、「メンバーの名前はなるべく口に出すように」ということでした。チームのメンバーをアピールするのは、リーダーの仕事の一つです。自分の上司にメンバーの力をわかってもらえれば、メンバーに仕事の一部を任せたい、といったときにもボスの承認が得られやすいはずです。

結局のところ、チームメンバーが育てば育つほど、回り回ってリーダーとしての自

分の仕事がラクになるのです。積極的にメンバーのいいところを見つけて、上司をはじめ社内外にアピールしていきましょう。

ただし、ここでも先ほどのマーケティングのたとえと同様、注意すべきポイントがあります。それは、誰に対して、どのようなことをほめるのかということ。

たとえば、あるメンバーが将来マーケティングの仕事を希望しているときと、数字に強く経理に向いていると思ったときとでは、そのメンバーのことをアピールするマネジメント側の相手やアピールするポイントが変わってきます。その見極めはとても大切です。

上司にメンバーの名前と得意分野などの特徴を覚えてもらうことは、そのメンバーの将来につながると思うので、リーダーはメンバーの適性を見抜くスキルを磨きたいものです。

希望は口に出しておいて損はない

自分自身のアピールという点に関しては、女性で上手な人はなかなか少ないものです。やはり男性のほうがアピール上手で、たとえば新規プロジェクトでリーダーをやりたいと思えば「僕やります！」と素直に手をあげる人が多いように思います。

もしあなたがこれからリーダーや、そしてさらにその上のマネジャーになりたいと思っているのであれば、やはりそれは積極的に口に出したほうがいいでしょう。

女性の場合、意識のどこかであまりギラギラするのはよくないと思っているのでしょうか。一生懸命やっていればいつかわかってもらえるのではないかと、黙々とがんばっている人が多いように感じます。けれども、思い切ってやりたいことを口にしたっていいのです。言っておいて損はない。そう思います。

リーダーをやりたいと言っても、必ずしもそうなるわけではないかもしれません。でも、口にしなければそのチャンスはもっと閉ざされるのではないでしょうか。そう考えたら、やはりリーダーになりたい、そしてさらにその上をめざしたいのならば、口に出して言うことが大切だと私は考えています。

オープンで前向きな中国人を見習って自己主張しよう

もし「リーダーをやってみたい！」と訴えて、やってみたらいいよとなったときには「ありがとうございます」だけで終えてしまってはいけません。

「どういう点をご評価いただいて今回任命いただいたのでしょうか」
「リーダーになるにあたって私に不足しているところはどのようなところでしょうか。どこをどう変えたらいいでしょうか」

こんなふうに聞くべきです。そう聞かれると、「やる気もあって、わかっている人だ、きっとリーダーが務まるはずだ」と、上司は確実に思います。

すぐにはリーダーになれないと言われたとしても「私がリーダーになるためにはなにが不足していますか」と聞いておくことが大切です。

実際にリーダーになったあとでも、自分には足りていないところがないか、どこをどのように強化していけばいいのか、遠慮せずにどんどん質問するといいと思います。上司としても、それは大歓迎の質問です。積極的な自分のアピールにもなりますし、上司の側も、聞かれて初めて気がつくこともあるのです。

ただし、そのときには「どうですか?」と漠然と聞くのではなく、たとえば「この分野でより高い評価をいただくためには、私はこれからなにをすればいいでしょうか?」というように具体的にたずねるとよいでしょう。きちんと見ている上司であれば、評価しているところもウイークポイントも教えてくれるはずです。

逆にいえば、教えてくれる上司はよい上司。その方の言うとおりに行動して、しっかりと結果を出すことが大切だと思います。

この自分のアピールという点では、中国人に大いに学ぶべきところがあります。中国人は必ずといっていいほど、その年の人事評価について質問をしてきます。たとえ一番いい評価をつけていたとしても、です。

「今年は五段階で一番よい評価をもらえたけれど、来年も同じ評価をもらうためには私はなにをしたらいいですか」

こんな感じで聞いてくるのです。

そのオープンかつ建設的なところは、本当にすばらしいと思います。中国人のガッツというか、やる気は多くの人が評価するところでしょう。

具体的に私はこれができました。こんなこともやりました。こんな能力があります。今後はこれをやろうと思っています……というように自己主張します。

日本人ですと、なかなかこうはいきません。下された評価について思うところはあるでしょうが、なにか主張してくる人はほとんどいません。

近い将来、ごく普通に外国人と一緒に働くことになるはずです。そこで対等にやっていくためには、日本人も積極的に行動しなくてはなりませんから、ぜひ彼らのやり方は参考にして、身につけたいものです。

聞き方としては、まずは「ご評価いただいて、ありがとうございます」とお礼を言う。そして「どういうところをご評価いただいたのでしょうか」と率直に聞くのがいいと思います。そう聞かれたら、上司は「ここがよかったし、これもこうよかった」と答えてくれるでしょう。そのうえで「そうですか。ありがとうございます。そして来年も一番の評価を得るためには、私はなにをすればいいでしょうか」と続けます。この聞き方がベストですね。

こうして上司の考えを直接聞くことで、どこが評価されているか、ポイントがわかります。評価が数字やアルファベットで表されているだけの場合もありますが、それでは上司の真意も自分の実力も十分にわかりません。翌期に力を入れるポイントもあいまいなままでしょう。

ぜひ、自分のアピールのためにも、自分の能力を高める方向性を確認するためにも、覚えておくとよいと思います。

完璧に話をすることよりも「伝わる」ことを重視する

プレゼン、朝礼、ミーティング……完璧に話そうと思っていない？

リーダーになったら、朝礼やミーティングなど、人前で話す機会が圧倒的に増えるでしょう。そんなとき、きちんと完璧《かんぺき》に話をしようと身構えるあまりに、一から十まで話して冗長になってしまい、結果的に伝えたいことが伝わらない、聞いている人が「もういいよ」とうんざりしている……。

そんなことも多いのではないでしょうか。

リーダーは、面談、プレゼンテーション、商談、相談……、さまざまなビジネスシーンで話をしなくてはなりません。でも、**突き詰めるとどの場合でも「相手になにかをしてもらいたい」から話すのです。それを伝えることが第一で、必ずしも完璧に話をしなければいけないということはないと思います。**

とはいうものの、私にも、いつもきちんと、完璧に話す必要があると思い込んでいた時代があります。あるとき、初めての英語でのプレゼンがあり、万全の準備をして臨みました。それはもう一生懸命になって、完璧な原稿を書き、何度も何度も練習して臨んだプレゼンでしたが、結果は大失敗……。

日本ではプレゼンを最後までやりきったところで質問を受けつける場合が多いのですが、相手は外国人。開始後三分で質問が飛んできました。しかもネイティブスピーカーですから早口の英語。私には聞き取ることができません。私の頭は真っ白になり、頭に入っていた完璧なはずの原稿は、すべてどこかに吹き飛んでいきました。私の持ち時間は三十分だったはずですが、本番では最初の三分で終了。

そのあとは私のボスが引き継いでくれたようでした。「ようでした」というのも、実は私にはそのときの記憶がなく、あとから周囲の方に聞いた話なので伝聞でしかお話しできないのです……。

この失敗から学んだこともありました。

きちんと、完璧にやろうとしすぎて、予定のシナリオが狂ったとたんに頭が真っ白になるよりは、ポイントだけ覚えておいて、臨機応変にその場で対応したほうがいいということです。もちろんプレゼンする機会を何度も経てこのようなスタイルに落ち着いたのですが……。これも小さな失敗を繰り返すことで確立できたことです。

私がもっとも大切にしているのは、話を聞いた人がその場を後にしたときに、何を覚えて帰ってもらえればいいのか、とにかくそれを突き詰めて考えるということです。

そして、そこだけは確実に伝わるように、データをそろえて、ストーリー展開やツカミを逆算していきます。そこの一点のみしっかり練り上げたうえでポイントを覚えておけば、完璧すぎなくてもかまわないと思っています。

「いい話」をしなくてもメンバーのモチベーションは上げられる

何を覚えて帰ってもらうか、それを大切にするという意味では、プレゼンだけでなく、朝礼でもミーティングでも変わりはありません。

繰り返しになりますが、コミュニケーションには「目的」があります。まずは目的に合った話し方ができるようになることが大切なのです。

あなたのまわりに、朝礼やミーティングで「いい話」をしようとする上司はいませんか？　偉人の名言を紹介したり、教訓めいたことを言ったり……。必ずしも悪いことではいいませんが、場合によってはなんだかくすぐったく感じられたり、ちょっと冷めた気持ちになったり、ということもあるかもしれません。

多くの場合、「いい話」をするのは、みんなのモチベーションを一斉に上げたいからではないでしょうか。

私はそういうことをされると、「なぁに？　そんな見え透いた手でモチベーションを上げようとして。〝ちょっといい話〟するくらいで、そんなに都合よくモチベーションなんか上がらないわよ」と斜に構えたようなことを言い出しかねません。ひねくれ者すぎますか（笑）？

そもそも、モチベーションはどうしたら上がるのでしょうか。そこを考えたほうがよいと思います。

『熱狂する社員　企業競争力を決定するモチベーションの3要素』（デビッド・シロタ、ルイス・A・ミスキンド、マイケル・アーウィン・メルツァー著、スカイライトコンサルティング訳、英治出版）などの書籍で学んだことや、実際の現場で体験してきたことなどから、私が考えるモチベーションが向上する要件とは、以下の四つです。

①自分の居場所がある。

②自分が期待されたり頼りにされたりしていることを認識している。

③やったことに対して正しく評価され、かつ今後も正しく評価されると考えられる。

④評価に見合う処遇がなされ、かつ今後も適正な処遇が期待できる。

モチベーションとは、これらのことに総合的に働きかけることで上がるものです。

逆にいえば、これらのうちどれかが欠けてもモチベーションは下がってしまいます。

このことから考えると、朝礼やミーティングで「いい話」をされて、モチベーションは上がるものでしょうか。

「そんな話でモチベーションだとかやる気だとか言われても……」

「そんなこと言ったって、どうせ状況は変わらないし」

「結果を出したって給料上がんないし」

「いい話」をされたとしても、こう思う人もいるはずです。というよりも、朝礼での

「いい話」で上がるくらいのモチベーションは、ちょっとしたことですぐに下がる気がするのです。

それよりも、「あなたに期待している役割はこうだよ」と具体的にお願いしたり、ミーティングでその人が取り組んでいる内容やその重要性をみんなにシェアしてお互いに理解しあったりすることのほうが、よっぽど有効ではないでしょうか。

居場所、信頼、期待、公平な評価、結果としての処遇……。これらをそれぞれ高めてモチベーションを上げることこそ、リーダーが意識したいところです。特に処遇については、みんなの前でほめることから、昇給、昇進、異動、教育の機会など多岐にわたります。

逆に、メンバーの業務遂行能力が劣るときには、それをしっかりと伝える必要もあります。やってもやらなくても一緒なんだと思わせてはいけません。ダメなときはダメと伝える。それもリーダーの役目です。

いいときも悪いときも、ちゃんと見ているリーダーだからこそ、メンバーは「この人なら」と慕い、モチベーションも上がるのではないでしょうか。

正しく、きちんと叱ると、嫌われない

叱られたからといって上司を嫌いになる部下はいない

部下を叱《しか》るのがむずかしいと感じるのは、根底には嫌われたくないという気持ちがあるからなのかもしれませんね。

その気持ち、本当によくわかります！

ところが自分自身を振り返ってみても、叱られたという理由だけで上司を嫌いになった経験は一度もありません。それよりは、上司の虫の居所が悪くてあたられたとしか思えないようなときや、なんとなくバカにされた、自分を否定されたと思ったときのほうが、その人のことをイヤになるのではないでしょうか。

正しく、きちっと叱ってくれる人に対しては、むしろとても感謝をすると思います。

ですから嫌われることを恐れずに、適切な言い方で伝えられればいいですよね。

とはいっても、いくら正しいことでも、正論ばかり並べ立てたら相手も腹が立ちます。短く、あとを引きずらないように注意したいものです。

そして「場」にも気を配ること。みんなの前で注意されてもまったく平気という人もいますが、それは少数派かもしれません。会議室かどこかに呼んで話をするとか、ちょっと外に行こうと誘って話すというような気遣いも必要ですね。

叱ることでなにくそと奮起するタイプなのか、人前で注意されると反発したり萎《い》縮《しゅく》したりしてしまうタイプなのか――メンバーのキャラクターと自分との関係性とをあわせて考えましょう。

いずれにしても、バンバン机を叩《たた》いて感情的に怒るのは論外です。論理的かつ言葉は短く、そして低い声で注意を与えることです。

また、いま叱っていることとは別のことを持ち出さない、ということもとても大切です。「だいたい、あなたは」「いつも」「そもそも」はNG。これらは人格否定にもつながりかねないので、十分気をつけてくださいね。

会話の空白、つまり沈黙の時間を恐れないことも必要です。リーダーはこの沈黙に耐えなくてはなりません。相手がその空白でなにを考えるか、それは見ていればわかるようになります。そのためにも、沈黙の気まずい時間を受け入れる胆力が、リーダーには求められているのではないでしょうか。

叱ってわからせるより、本人の気づきを引き出そう

なるべくならば「今回のこと、よくないのはわかるよね」と言って、本人に気づきを与える叱り方ができれば、リーダーとしてベストの振る舞いだと思っています。

具体的には、「こちらの言うことをとにかく聞きなさい！」という高圧的な態度で臨むと耳に入っていきませんから、まずはいいことから始めるようにしています。

「厳重注意をするときほど、最初はほめてから」がセオリー。

三、ほめて、二、叱る——。

このくらいがちょうどいいバランスではないでしょうか。

人事評価を例にとってみましょう。

まずは、この半期もしくは一年の振り返りを本人からしてもらいましょう。

「〇〇さん、一年間本当にお疲れさまでした。今年一年はあなたにとってどんな年で

したか？」

こう問いかけられれば、その人は口を開かざるをえませんね。

こうして出てきた話は、しっかりとメモを取ってください。そうすることで、「このリーダーはちゃんと自分の話を聞いてくれている」と思ってくれるはずです。

話をしていくにつれて、メンバーの自己評価とリーダーであるあなたの意見とが一致するところ、しないところが出てくるでしょう。そこを冷静に見極めながら、まずはひととおり、本人の認識・見解を話してもらいます。

メンバーが話を終えたら、いきなりのダメ出しは禁物で、まずほめることでしたね。

ほめるだけでなく、場合によっては「感謝」をします。

「これとこれについては、どうもありがとう。さっき○○さんも言っていたと思うけど、その点は私も本当によかったと思っています。自分では気づいていないみたいだけれど、これについても本当によくやってくれたと感謝しています」

本人ができたと思っているところとあなたがほめてあげたい点が一致するなら「本当にそうだよね」と同意してもいいですし、あなたがほめたい点を本人は認識していないようだったら、それもきちんと言葉で伝えましょう。

それから「ただ、これとこれに関しては、こういうふうに見ることが大切だと思うわ」と、論点を注意したいところへ持っていくのです。

違う方法としては、先にこちらから自己開示をするのもありです。

「昔ね、私も同じようなことをやってしまった経験があるんだけど、やっぱり少しまずいと思うんだよね」

こんな感じで、まずは相手に聞いてもらえる空気をつくることに注力します。

注意したい点が本人も思い当たるものならば、それを克服するにはどうしたらいいか、なにが必要なのかを一緒に考えていくようにします。

本人の自覚をうながすためにも、なるべく本人から気づきを引き出す形にしたいものです。

どうしても自分の意見ややり方を「押しつけたい」ときは？

マナーやルールは早い段階で徹底する

意見を押しつけるというとちょっと暴力的なニュアンスに聞こえますが、まずは自分のやり方をメンバーに理解してもらうことが大切です。

リーダーとして着任してから早い段階でチームメンバーの強みや仕事の内容を理解し、そのうえで自分の大事にしていることや自分の方針を全員に伝えます。

自分が大事にしていること、譲れないこと、嫌いなこと、許さないこと。それらを紙には書かないまでも、ミーティングなどの冒頭で明らかにして、メンバーにはきちんと伝えましょう。

たとえば「ここで仕事をしてみて気がついたのですが、遅刻が多いようです。時間厳守でお願いします」「お客さまに出すメールのフォーマットがバラバラなので、これからはこのように統一してください」などルールを設定します。

それでも改善が見られない場合は、その都度すぐにメンバーへ伝える。あとから指摘すると、「そのときに言ってくれればいいのに」という反発を招きかねません。リーダーのスタイルやポリシーは早い段階で伝えておいたほうが、トラブルが少なくてすみます。

私の場合は、新しい部署に着任すると必ず「ミーティングには時間厳守で出席すること」「内職しないこと」「積極的に参加すること」を約束してもらっていました。「参加する」とは、ただ顔を出すことではありません。発言すること、人の意見をよく聞き、うなずくこともこれに入ります。パソコンで内職をしている人には、「議事録とってくれているのかな？　だったらありがとう。そうじゃなければ、この時間はパソコンを閉じて集中して。緊急の用事があるなら遠慮なく出ていってね」と言い、実際に出ていってもらったこともあります。

全員が協力してくれれば、ミーティングは絶対に早く終わります。その分の時間はみなさんにお返しします、と伝えていました。

ただし、メンバーから同意や賛同を得ないことにはルールを徹底するのはむずかしいので、折に触れていまのやり方や方針で問題ないか、なにか変更したほうがやりやすくなる点はあるか、そのほか気づいたことがないかなど、密なコミュニケーションをもちたいものです。

こまめな声かけがチームを一つにまとめる

「ありがとう」と「見てるよサイン」がチームを強くする

密なコミュニケーションをとり、チームを一丸とするためには、こまめな声かけや感謝の言葉が欠かせません。

イソップ童話の「北風と太陽」のお話ではありませんが、やはり北風を吹きつけるだけでは人の心は動かされないのです。

第1章ですばらしいミーティングをする上司の話をしましたが、そこで上司がよく口にしていたのは「ありがとう」という言葉でした。この上司のように、リーダーになる人には、ぜひとも「ありがとう」という言葉をこまめにメンバーに投げかける大切さを知っていただきたいと思っています。

私の経験からすると、日本人の男性上司で部下に対して「ありがとう」と口にする人は本当に少ないなと感じます。照れくさいのか、「どうも」というどっちつかずのセリフで代用してしまったり……。

しかし、それは大きな間違いです。

誰しも認められたいし、認められればうれしいと感じるものです。

日本人はシャイなので「お礼を言われたい！」というのをあまり表現しません。ところが中国人などはすごく求めてきます。「ありがとう」と言ったら「私の行動のどこがどうあなたの役に立ったのか教えてほしい」と。そういうところは、彼らはとても素直でわかりやすい。でも日本人が「ありがとう」と言わないからといって、その言葉を望んでいないかといえば、けっしてそうではありません。

私だって「ありがとう」と言われたらとてもうれしい。もっと具体的に「今回こうしてくれたことの、ここがこうよかった」と言われたら、「あ、そっか。そんなふうに思ってもらえたんだ。じゃあ、次ももうちょっとがんばってみよう！」と思うものです。

リーダーからの感謝の言葉は、メンバーにとって雲間に差し込む一筋の陽光です。「ありがとう」のひと言でずっとずっとやる気が出て、次につながっていくはずだと思います。

「ありがとう」を口に出すことと同様に大切なことが、まだほかにもあります。それは**「見てるよサイン」**をこまめに出すということです。

メンバーの様子を見ていて、よいことも悪いことも、なにか気づいたことがあれば、「なんだか楽しそうだね。いいことでもあった？」とか「困っていることがあったら言ってね」とか、何気なく声をかける。こうやって、**見ているよ、気にしているよ、という気持ちを伝えるのです。**

私は部下の数が三桁《けた》を超え、毎日顔を見て声をかけるのがむずかしくなってからは、「ラウンドテーブル」という場を用意していました。これは、ランチを一緒に食べながら意見交換をすること。全社員と実施し、そこで名前、担当業務、要望や個人的な意見・趣味などを覚えるようにしました。そして、廊下ですれ違ったりエレベーターで一緒になったりしたときに「例のプロジェクトどうなってる？」「最近海行ってるの？」などとできるかぎり話すようにしていました。

また、お客さまや他部門からのメールのCCに私が入っているときは、本人に直接「あのプロジェクトでのすばやいトラブル対応、お客さまにご満足いただいたようですね。本当にありがとう」「先月のイベントの準備ではずいぶん知恵も力も出して貢献してくれたみたいですね。さすが！　ありがとう」などと内容に応じてひと言返すようにしていました。私からメールが届くなんて予想していなかったようで、受け取った社員はびっくりするとともに、喜んでくれたようです。

返信メールは本人宛《あて》に、直属の上司であるマネジャーにだけCCをつけて送っていたので、マネジャーたちには私のやっていることがわかります。そのうち現場のマネジャーたちから競うように、こうしたメールが転送されてくるようになりました。これは、チームメンバーをアピールするやり方の一つでもありますよね。

細かいことですが、そういったちょっとした気遣いがチームの一体感を強くするように感じています。

メンバーがプライベートを語れる雰囲気づくりを大切にしよう

メンバーのプライベートも、ある程度は知っておきたいものです。それは、メンバーやその家族になにかあったときにお互い助け合えるから。

私が聞いたところによると、銀行の管理職の方たちのなかには部下のプライベートにもとても気を使って、奥さまのお誕生日やお子さんの入学式の日まで把握しておくべきだという持論をもっていらっしゃる方もいるそうです。そこまでするかどうかは、職場にもよるでしょう。

けれども、お子さんは体が弱いとか、週末はご両親の介護のために実家へ帰っているというような、個人的な事情も前もって知っていれば、急な休暇取得にも融通を利かせることができます。

さらにリーダーだけではなく、みんなで話せる雰囲気ができていれば、「じゃあ、その仕事は私が代わります」と手をあげてくれるメンバーが出てくるかもしれません。休暇や早退に対して「お互いさま」という意識が徹底している職場のほうが強いチームとなるでしょう。

また、その人のポリシーや夢みたいなものも話してもらえるならば聞いておきたいものです。たとえば、平日はどんなに残業してもいいから土日は絶対に出社したくない人もいますし、とにかく家族優先という人、海外の大学院に留学希望で特定の曜日はスクールに通っている人もいたりします。

個人の幸せというと大げさかもしれませんが、人それぞれの「気持ちいい状態」をみんなお互いに知っておくのは、強いチームづくりには必ず役立ちます。

ですから、そうしたことを話していいんだと思ってもらえる雰囲気づくりというのもリーダーのコミュニケーションの一つだと覚えておいてください。

こういった「ありがとう」「見てるよサイン」は、男性よりも女性リーダーのほうが取り入れやすいかもしれませんね。

第4章

いつも「自分をコントロールできるリーダー」でなくてはいけない、という思い込みを捨てる

必要ならばときには怒ったり泣いたりしてもかまわない

「許される泣き方」もある

前章でも述べたとおり、女性は感情的だとか頼りにならないと思われているのではないかと、私も昔はそう不安に思っていました。

実際に私自身も職場では泣かないように気をつけてきました。というのも、就職活動中に泣いてしまったことがあり、それを痛切に反省してのことです。

とある企業の面接官のおじさんに「女性の幸せは家庭に入ることだよ」とか「なんでそんなに働きたいの?」とか、いまならばセクハラかモラハラになることを延々と説教されてしまいました。それがもう悔しくて、悔しくて泣いてしまったのでした。

止めようにも、泣いている自分がいたたまれなくて、涙を止めることができなかったことを覚えています。当時の私は男性と同じように扱ってくれて、なおかつ長く働ける企業を希望していたから。

帰宅後、その出来事を振り返りました。

今日、自分はなぜ泣いてしまったのか。

もっと別の対応がとれたのではないか。

泣いてよかったことなどなにもなかったのではないか。

そんなことを考えつつ、自分自身のためにもその相手の方にも、そして女性全体のためにもよくなかったと心から反省しました。

そしてそれ以降、**涙はとてもパーソナルなものとして、私は自分の個人的かつ大事なことにしか、涙は流さないようにしようと決心したのです。**もちろん、仕事で悔しいときも悲しいときもありましたが、グッとこらえたり席を外したりして、大切な涙はこぼさないようにしてきました。


けれども、いま振り返ってみれば、そんなふうに肩ひじばかり張らなくてもよかったのかもしれません。一九八六年の男女雇用機会均等法の施行以来、女性の社会進出は加速しました。それによって男性たちの意識も、まだまだ十分とは言い切れないかもしれませんが、着実に変わってきています。私が見舞われたようなセクハラ発言も減っているはずです。

また多くの女性が働くのを見て、女性が感情的だとか頼りにならないというのも、個人差が大きい話だと理解されてきているのではないでしょうか。

逆に、男性でも感情的な人はいます。職場で泣いてしまう人もいるし、おじさんがものすごく感情的になって怒っていたりもします。「感情的＝女性の専売特許」だと思うほうが、もう時代遅れですね。

私も男女問わず自分のチームメンバーに泣かれた経験がありますが、「なんで泣くのよ！」とは思わない。ですから、**あなたが必要以上に「感情的になってはいけない」「感情をコントロールしなくては」と気負う必要はまったくないと思います。**

男性も女性もうれしければ、そして悔しくても、ときには泣いていいと思っています。ただし、泣かれた相手が困ってしまうような泣き方はよくないかもしれません。ボロボロと泣くのではなく、目に涙をためてグッとこらえている程度なら、まったく問題ないでしょう。

さて、「泣く」ことについてここまで語ってきて、ボロボロ泣かれても許せるなぁと思った事例があったことを思い出しました。

それはとても優秀な後輩でした。彼女はわりと涙腺《るいせん》がゆるいようで、注意をするとすぐに泣いてしまうタイプだったのです。でも、ただ泣くのではありません。泣きながら必死に話すのです。

「すみません。泣いてしまって本当にすみません。自分が悔しくて、悔しくて……。でも大丈夫ですから、順子さん、気にせずに続けてください」

彼女の場合、ボロボロと涙を流していても、ガッツがあるというかやる気があるというか、「もう二度とこんなミスはしない！」という気持ちがこちらに伝わってくるのです。そうなると、泣かせてしまったことに罪悪感や自己嫌悪も抱きませんし、「ちゃんと響いているな」とわかって安心なのです。

泣いてしまうのならば、彼女のように「次につながる」泣き方をしたいものです。

あなどられるくらいなら、怒る！

感情を表に出すべき場面は、ほかにもあります。

それは「怒る」とき。「叱《しか》る」とはまたニュアンスが異なりますね。怒ってもいいのは、理不尽なことや失礼なこと、無礼なことをされた場合です。

怒るにしても、チームメンバーに対してとそれ以外の方に対しては、その方法が異なります。私がメンバーに怒るのは、プロフェッショナルにふさわしくない立ち居振る舞いをしたときです。

とはいえ、一度目に怒ることはありません。それが複数繰り返された場合や、前回注意をしていたにもかかわらず同じことをしたとか、約束を破ったという場合に怒ります。もちろん人間ですから、ミスや見落としはありえます。だから一度目で怒ることはない。

それに対して、二度目なのに気の配りようが足りないというのは、やはりプロとしていかがなものかということで、しっかりと怒って、なにがいけなかったのか、はっきり理解してもらうようにしています。

また、メンバーがセクハラ発言や不当な扱いをされたというような場合には、その相手にもガツン！　と怒らないといけない。

そのときは、やはり論理的にビシッと、低い声を出すようにします。怒るときには想定問答というかシナリオというか、こう言ってきたらこう返そうということは事前にある程度考えておいて、確固たる覚悟のうえで怒ります。

しかし、それはあくまで準備ができているときの話であって、なにか唐突に無礼なことをされたときにどうするか――。

そのようなときも、しっかりと反応するべきです。そうでないと「この人にはこれくらいやっても大丈夫」と思われて何度も繰り返されることになります。それが続くと、やがてエスカレートする可能性もあるでしょう。イヤな思いを何度もするだけなので、反撃は必ずするべきだと思います。

いずれの場合にも怒るときには、「短く怒る」「人格否定をせずにその行為だけを怒る」「後に引きずらないよう毅然《きぜん》として怒る」ことが大切です。

トラブルが起きたときにはあえて感情を出して交渉する

普段とのギャップがあるから心に響く

涙はほとんどの場合こらえられる私でも、トラブルが起きればそう冷静でばかりもいられません。もちろん、トラブルがないほうがいいに決まっていますが、時と場合いかんでは、私もちょっと怒りを見せることがあります。

ただし、普段から怒ってばかりいる人が感情を出したとしても、そんなに効果はありません。いつもは穏やかだと思われている人が、感情をあらわにして怒るからこそ効果があると思うのです。

お父さんとお母さんであれば、一般的にはいつも細かいことを注意しているお母さんが怒るよりも、お父さんがたまにガツンと怒るほうが子どもたちも言うことを聞くのと同じですね。

なにかトラブルが発生して、相手が謝罪に見えたとしましょう。そのときに女性が出ていくと、残念ながら相手は「やった！」と心のなかでつぶやくのではないでしょうか。悔しいけれど、相手が意識的、無意識的にかかわらず、心の奥底で「舐《な》めている」部分はあると思います。

それに対して「そうかんたんじゃないわよ」という姿勢を見せるためにも、相手の思惑は早めに裏切る。その場合は、最初が肝心です。

「あっ、この人は意外と手ごわそうだぞ」と思ってもらうためには、会議室や応接室に入るときから背筋を伸ばしてちょこまかせず大股《おおまた》で歩き、落ち着いて着席する。第一声から声のトーンを低くはっきりさせ、表情もふわふわさせず、強いアイコンタクトをとります。

とはいえ、こういった場面で感情を出すのも、あくまでトラブルを丸く収めるときに有利に交渉するためです。「目的を達成するための行動なのだ」という原則を忘れてはいけません。**感情を表すのも目的達成の手段だという意識を忘れ、自分の感情に引きずられてエスカレートすることがないようにしましょう。**

交渉では余計な駆け引きはしない

ビジネス系の書籍に「交渉術」という分野もあります。それらの書籍では、たとえば、まずは狙《ねら》っているところよりは高めのボールを投げておいて、折り合えるポイントを探る手立てをはじめ、さまざまな手法が紹介されています。一読して、自分の手持ちの札を増やしておくのは悪くないと思います。

でも、私自身はさほど交渉術を駆使することはありません。それよりも相手に気持ちよく「ＹＥＳ！」と言ってもらうためにはどうすればよいのかということをよく考えます。

そのために、交渉相手の心中がどうなのか、思いめぐらすよう努力してきました。上司に怒られたくない、社内的に立場が悪くなるのがイヤだ、失敗して評価が下がるのは困る……など、その人の内在する事情をよく見極めるようにしています。

そのためには、その人の上司にも納得してもらいやすいようなロジックでしっかりと説明するのがいいでしょう。あらかじめ、その人の上司に「次回のお取引のときには今回の穴埋めができるような条件を出させていただきますので、今回の件につきましてはどうぞよろしくご支援ください」と、お願いしておくこともあります。

相手の顔をつぶさないようにして、結果を出すために可能なことはなんでもしておくということです。

つまり、私はどちらかというと直球派。ある程度、状況を理解したところでほどなく「ファイナルアンサー」を出すタイプです。この人はあなどってはいけないぞと思わせることができたら、そんなに時間をおかずに答えを出して、そのあと一貫した主張をして粘るというスタイルですね。

駆け引きをするということは、こちらの条件を状況次第で変えていくということ。その応酬で、決着に余計に時間がかかると思うのです。

かつて、十五億円ほどのビジネスを担当しました。ところが最後のお支払いの段階になって、当方にミスがあると指摘され厳しいクレームが入りました。そして先方が「この金額なら支払ってもいい」と提示してきたのが、なんと一億円。

十五億円の予算で発注をいただいたのに、わずか一億円ですから、ただただ驚くばかりです。にもかかわらず、先方は「そちらのミス」の一点張り。十五億円という満額は支払っていただけないにしても、一億円というのはとうてい受け入れられない。

そこから、私は粘りに粘りました。

支払えるのは一億円と言われましたが、投入したリソースを考えても、最低でも十億円はいただかなくてはなりません。でも、先方は首を縦に振るどころか、とにかくずっと怒っている。

交渉の場で、私は先方の話に耳を傾けつつ、こう訴えました。

「おっしゃっていることはよくわかります。けれども、もう本当に重々お気持ちは承知しておりますが、それはできかねるお話です」

そう言いつづけました。同時に今回のプロジェクトでこちらのチームが果たした役割、成し遂げた成果をデータで示し、弊社なしではこのプロジェクトを完遂することはできない、ということを相手に印象づけることも続けました。

その後も、何度も何度も同じやりとりをしました。

「いや、おたくのミスだから一億円しか払えないよ」

「でもこれだけはどうしてもいただかないと……」

「佐々木さん、話、聞いてました？」

「もちろん聞いておりましたが、できないことをできるとは申し上げられませんので」

こんなことを二時間ほど続けました。

もちろん、このような問答はこれが初めてではありません。

三カ月から四カ月は金額交渉を続けてきたうえでの、先方の役員と私、役員同士の最終交渉です。それまでの過程で、相手の予算、相手の役員が決済できる金額、いつまでに決着しなければならないか、相手にはほかにどんな選択肢があるのか、一番重視しているのはなにか。これらについて情報収集し、メンバーと何度も何度もシミュレーションしてきました。

その日、粘りに粘った最後にこう切り出しました。

「ひととおりご説明申し上げましたし、お話もうかがいました。お気持ちはわかりますが、私どもも慈善事業ではございません。そしていままでに、弊社もこれだけの出費をしております。できないことをできると申し上げられません。これがもう本当に最終のお答えなのです。このプロジェクトを完遂させたいという気持ちは御社も弊社も同じです。ぜひご理解をお願いいたします」

こうお話しして、最終的に提示どおり、複数年かけてトータル十億円を支払っていただくことになりました。

私は、交渉のスタート時に一撃を与えられたら、あとは淡々と話し合いをします。ようするに、**この人の言っていることは首尾一貫している。そうかんたんには折れないな、嘘《うそ》は言っていないんだな、というふうに思わせるというスタイルです。**

どういうやり方が最善なのかはわかりませんが、交渉術を駆使するよりも、一本気で筋を通すほうが私には合っている気がします。

人前で弱い自分を見せるときがあっても大丈夫

ある程度は感情が見えたほうが親近感がわきやすい

リーダーの仕事は、強いチームをつくり上げることです。チームメンバーのことを理解したうえで、メンバーそれぞれの強みを評価し、敬意を払い、メンバーを組み合わせて、チームのパフォーマンスを最大限に引き出すことがもっとも大切だと思います。

そうしようとすると、その人の「素の顔」とでもいいましょうか、腹の内を打ち明けてもらえたり、よくない情報も報告してもらえたりするようなリーダーでなくてはなりません。

そのためには、リーダーはいつも機嫌がよくなくてはいけません。そんなリーダーには、気軽に「ちょっといいですか?」と声をかけやすいと思いませんか?　逆に、いつもイライラしていたり、余裕がないほど忙しそうだったりすると、部下もそれを感じ取り、上司に話をしづらいものです。

次によいのは、いつもご機嫌というわけにはいかなくても、ある程度自らの感情を出しているリーダーです。

リーダーだって、自分の弱い部分もある程度は開示していてもかまわないと思います。「ここはわからないから困っている」「これはあなたのほうができるからお願いしたい」と素直に言ってくれるリーダーには人間味を感じられるし、そこを補うように動いてくれるメンバーも出てくるでしょう。もちろん、その後の「ありがとう」を忘れてはいけません。

いいえ、**弱い部分を開示してもかまわないどころか、強がらずに自分の弱みを素直に言える人のほうが、私はむしろ尊敬できます。**本当に自信がある人のほうが、「知らないことは知らない」と言えるのではないでしょうか。

こまめなガス抜きで、パンクを防ぐ

女性にありがちなのですが、なにかトラブルがあったときに自分のせいだと思い込んだり、まだ起こってもいない悪いことを心配しすぎて迷走したり、大量もしくは困難な仕事を抱え込んで、自分で自分を苦しめたり……。こんな同僚やメンバーを私は何人も見てきました。

心当たりのある方がいたら、トラブルや困難をそのまま抱え込んでしまって最後の最後に爆発！　となる前に、「報告」という形でいいので、こまめに上司に相談することをおすすめします。きっと上司は「事実」と「心配」をきちんと切り分けてくれるはずです。悶々《もんもん》として苦しんでいる状況を打開する一歩になるのです。

直属の上司に相談しづらい場合は、自分の所属部門の先輩や他部署の同格のリーダーでもいいでしょうし、他部署の上位役職者の方でもかまいませんから、相談相手を見つけておくこと。もつれた糸を解きほぐしてくれたり、鬱屈《うっくつ》した気持ちにちょっと風を吹き込んでくれたりする人をつくっておくといいでしょう。

けっして一人で思い悩んで、苦しむ必要はありません。

意思決定に悩み、「これを相談したら、リーダーとしての決断力が足りないと思われてしまうのでは」と不安になる人もいるようですが、それが「報告」であればいいわけです。「現状はここまで進んでいます。次はこれをする予定で考えています」というように話すのです。

マネジメント側としては、「これは報告なのでアクションをとっていただく必要はありません」とか「これはちょっとご相談したい案件なのですが……」とあらかじめ言ってくれると、とても助かります。話を聞くにも心の準備ができるからです。

リーダーになってからすぐに、こうしたやり方を覚えるといいと思います。そして、早め早めにガス抜きをするようにしてくださいね。

社内の人間に愚痴は絶対にNG!

弱い自分を見せるということで思い当たるのが、愚痴の問題です。

個人攻撃ではないという前提ではありますが、多少の愚痴はある程度は許されると私は思っています。

たとえば「このお客さん、いつも希望される納期が短いから、気をつけよう」とか「意思決定にとても時間がかかるから、スケジュールの組み方がむずかしいよね」などというのはOKではないでしょうか。一方で「なんだか時代遅れだよね」とか「イケてないよね」というのはNGです。

みなさんにはこの違い、ご理解いただけるかと思います。この二つの大きく異なる点は、そこに批判的な主観が入っているかどうかです。

リーダーが「むかつくよね」とか「バカじゃないの」などと愚痴ると、メンバーも必ずといっていいほど追従するようになります。そして、それは態度にも表れる。「感情は映し鏡」なので、批判したお客さまも自分たちに対し、なんらかのよくない感情を抱くことになります。

また、部下と上司の愚痴も絶対に口にしてはいけません。「ここだけの話ね」と言ったところで、それは絶対に「ここだけ」にならないものと心得ておいたほうがいいでしょう。残念ですが、話した相手がどんなに信用している人であっても、一〇〇%その話は漏れてしまうと思っていたほうがいいようです。

その人の口が軽いということではなくて、その人もあなたが「悪口を言った」とは思わずに、ただ「こう言っていた」という事実として、ほかの人に話しただけかもしれません。ところが、それを聞いた人がどんなふうに理解するかまではわかりません。その人の判断・見解を付け加えて、またほかの人に話してしまうものだと思っていたほうが賢明です。

それでも、人間であれば愚痴をこぼしたい夜もあるものです。そのときには、もう社外の人に聞いてもらうしかありません。**愚痴は社外の人間にしか言わないと決めたほうがいいでしょう。**

ちなみに、〝いまは〟社外の人間になっている人であっても、かつて同じ会社の社員だった人にも言ってしまってはダメですよ。その人が、現在もあなたの会社の人と仲がよかったり、SNS上でつながっていたりするかもしれません。

自分の感情のしくみを知って、コントロールしよう

ネガティブな感情を一瞬で上手に消し去る方法

リーダーも一人の人間です。ときには怒ったり泣いたりしてもかまいませんし、ある程度は感情を出したほうが人間らしいので、一緒に仕事をする仲間として親近感がわくことは間違いありません。しかし、それも程度問題で、なんでもかんでも感情のまま口にできることばかりではないのがリーダーのつらいところです。

そんなときに自分の感情をうまくコントロールできれば、「言いたいことも言えない」というストレスは軽減できそうです。

ではどうやって、感情をコントロールするのか——。

ここで私が行っている方法をお教えしましょう。

感情にはポジティブなものとネガティブなものが存在しますが、ポジティブなほう

は問題ないとしても、ネガティブな感情についてはそのしくみと整理の仕方を知っておくとよいと思います。**「ネガティブな感情が生じるとき、その理由は必ず自分自身のなかにある」**ということを理解してください。

たとえば、人と話していてイラッとしてしまい、「なにこの人！」と思うこともあるかもしれません。ところが同じ話をしていても、怒る私がいる一方で、まったく腹も立てずにニコニコしている人もいます。

その違いは、私とその人とのなかに怒る理由があるか否かの差なのです。自分だけにあるその理由をすくいあげることができれば、感情をコントロールするのはけっしてむずかしいことではありません。

イラッとしたら、まずはその感情が生じてきた事実は事実として、きちんと認めてしまいましょう。

そのうえで「私はいったいなにに怒っているんだろうか」と考えます。そこで理由が見つかれば、その感情は割とかんたんに手放すことができるはずです。

「自分がもっとも大切にしていることを軽んじられたからだ」とか「いまの言い方がイヤだった」とか「こっちも見ずにしゃべるその態度に腹が立った」とか、感情と事実を切り離して認識するのです。

すると不思議なことに、怒りの炎もすっと収まるのです。

そうなると「ここは今後のためにもしっかりと抗議をしておこう」と行動を起こすことにしたとしても、もう感情に引きずられてはいませんから、建設的な対処が可能になります。

感情と事実を切り離して認識することができれば、相手が感情的になっている場合にも引きずられることがなくなります。たとえ上司に八つ当たりされるような事態におちいったとしても、そのことで自分がイラッとすることもありません。

それどころか、相手が感情的になっている事情を想像する心の余裕さえ感じられるようになるでしょう。常に落ち着いていてゆとりがある人は、「この人なら」という信頼に値すると思いませんか。

もちろん、明日からすぐに感情がコントロールできるようにはならないかもしれません。それでもエクササイズだと思って心がざわつくたびに繰り返せば、必ずできるようになりますよ。

私も初めはコントロールに数十秒ほどの時間がかかっていましたが、いまでは一瞬で処理できるようになりました。ほかの人からは、ほとんど怒ることのない人間に見えているようです。しかも、ぷんぷんと怒っていたときより、ストレスもたまりません。感情をコントロールすることと我慢することはまったく異なるのです。

あなたが「むやみに感情的にならないリーダー」になれば、メンバーは言いづらい報告でも早めに耳に入れてくれることでしょう。そのためにも、ぜひ感情のしくみを知って、ネガティブな感情は瞬時に整理するよう努めてください。

もっとも非生産的な感情「ねたみ」は、すぐに捨てる!

ネガティブな感情のなかでも、もっとも厄介で非生産的、そして長いこと引っ張りがちなものが「ねたみ」です。ねたみの感情を引きずると、幸せから遠ざかってしまいます。ねたみはあなたの人生をつらくする感情ではないでしょうか。

そもそも張り合いようがない人に対しては、ねたみは生じないものです。世界的に活躍しているアスリートや芸術家に、ねたみなんて抱きませんよね。

ねたみは、自分と同等かちょっと上、もしくはちょっと下だと思っている人が、なにかすてきなものを手に入れたり、その人になんだかラッキーなことが起きたり、はたまたスポットライトが当たったりしたときに生じる感情だと思います。

もしかしたら自分だってなんとかなったかもしれない。がんばっていたら自分もできたかもしれないのに、できなかった自分がいる。だから、ねたむのです。だったら、いまからでもがんばってやればいいだけです。もしくはできなかった理由が必ずあるはずなので、それをきちんと整理できれば、ねたみは消えていくでしょう。

もしもねたみが心中にわいてきたときにはすかさず検知して、それが起きてくる源を「因数分解」します。「あぁ、私はこういうことを悔しいと思うんだ。ならば、これは自分に足りない部分だと素直に認めてがんばっていこう」と気持ちを切り替えることができれば、すてきですね。

人をうらやましいと思う気持ち自体は次へのモチベーションに昇華させられるかもしれませんが、それを通り越した「ねたみ」は、いずれ恨みとなります。恨みは相手への攻撃にエスカレートする恐れを秘めています。もしもそうなってしまったら、あなたの品位は地に落ちてしまいます。だから自分の心にねたみがあると気づいたときには、一刻も早く対処をしましょう。

「残業ゼロ」「早く帰る」をめざそう

これからのリーダーは早く帰るのが大前提

　これまでは、感情の「コントロール」についてお話ししてきました。次からは、仕事やプライベートの「コントロール」について見ていきましょう。

　残業に関していえば、私は必要以上に遅くまで会社に残らない主義です。仕事はミッションを達成し成果を出していればよいのであって、長時間労働していること自体ほめるようなことではないと考えているからです。これまで働いてきた外資系企業では、長時間にわたって仕事をしているのは無能だという雰囲気があったからかもしれません。

　本当に無能かどうかは横に置いておくとしても、これからの時代、まずは結果を出すということがますます求められていくでしょう。いろいろな国籍の人たちと働くときに、日本人の「長時間労働＝がんばっている」というとらえ方はやがて通用しなくなります。

また、少子高齢化時代に突入した日本にとっては、女性も大切な労働力です。女性にも能力を発揮してもらうためには、長時間労働という悪《あ》しき企業文化を解消していかなくてはなりません。

そんな考えを実践すべく、みんなを早く帰宅させるためにも自ら率先して会社を後にする——その意識はたいへん重要でしょう。

早いうちにわが家へ戻るためにもっとも効果的なのは、早く帰宅すると「決めること。仕事が終わってから帰ろうなんて思っていたら、けっして早く帰れません。午後六時なら六時、七時なら七時に会社を出ると決めて仕事に励み、初めて席を離れられるのです。

私は早く帰るために、「私にしかできないこと」以外はやらないようにしています。そのうえで、次のことを心がけています。

①まずは仕事の量を減らす。
②もしくは仕事のやり方を変える。
③自分以外の誰かに仕事を割り振る。

これら三つのいずれかを採用するようにしています。三番目の心がけに驚く方もいるかもしれませんが、これはメンバーが育つきっかけにもなるのです。

かつて参加していたプロジェクトでマネジャーを務めていた方は、午後六時で帰宅するというポリシーの持ち主でした。その職場は誰もがもれなく午前一時、二時まで働くのが当たり前というチームでしたが、マネジャー自身は必ず六時に会社を離れる。彼はいつもこう言っていました。

「六時以降に会議を設定しても、僕は出られないよ」

こういうマネジャーがチームを率いる場合、うまくいくか、それともいかないか、結果は大きく分かれます。「なんだよ、自分だけ早く帰って！」と思われてしまうか、「やることをやったら帰っていいっていうことだな」とみんなが思うか、そのどちらかです。

このチームの場合、とてもうまく回っていました。不在がちなマネジャーを捕まえるためには、メンバー側が業務の段取りをきちんと行っていないといけません。スムーズに仕事を回すという意識が徹底され、みんなが効率よく働いていました。

リーダー自ら「集中して早く終わらせよう。そしてさっさと帰ろう！」と口に出し、率先して帰宅する。その環境を整えていくという姿勢が大切です。そうすることで、この部署では帰ってもいいんだ、休んでもいいんだという雰囲気をその方はつくろうとしていたのだと思います。

こんなに残業するのは日本人だけ!?

近年、ますますグローバル化が進んでいます。繰り返しになりますが、これからは日本人とだけ働いていればいいという時代ではありません。ビジネス言語が日本語でなくなるばかりか、仕事に対する考え方もガラパゴス的な日本特有の思考を変える時期が訪れつつあります。

私が中国で見聞きしたことですが、中国人は基本的に残業をしません。中国人から「日本人はなぜ残業を前提にした仕事のスケジュールを組むのですか」と、よく聞かれたものです。

「家族と一緒に過ごすためにも、定時に帰れるように日中は一生懸命仕事して残業なしにしようと、どうして努力しないのですか。私たち中国人は、そのために勤務時間中はがむしゃらに働いています。どうしても残業しなくてはいけない事情があるのだったらやむをえませんが、基本的にいかに残業しなくてすむかを考えて、日中に一生懸命やっているんです」

中国人だけではありません。アメリカ人も同じような考え方をしています。

グローバル基準で考えた場合、サービス残業や休日出勤というのは、まず理解をしてもらえないと考えておいたほうがいいでしょう。これからの時代は、そのような思想や哲学をもっている人たちと一緒に働いていくことになるのです。

仕事を終わらせてから帰ろうと考えていたら、本当にいつまでたっても帰れません。リーダー自らが早く仕事を終了させ、率先して帰宅する姿勢を見せなくてはならないのです。

そしてまた、就労時間の量によって評価をしているのではないということがメンバーの間でも浸透するように努めてください。

繰り返しになりますが、遅くまで会社に残らないようにする最大のコツは、「早く帰る！」と決めてさっさとそのとおりに帰ってしまうことです。これが一番だと肝に銘じてください。そして、メンバーが帰ると口にしたときにも、「どうして帰るの?」などと聞かないように。

部下の残業が多いのは、リーダーが業務分担を割り振るのが下手だからだと心得ましょう。特定の部下がいつも会社に残っているのだったら、分担替えを検討する時期にきているのかもしれません。

チャンスをつかむ時間の使い方

働く女性、そして働きたい女性の足を引っ張るのが長時間労働だというのは、紛れもない事実だと私も考えます。それを解消するためには、リーダーの責任も大きく、まずはリーダー自らが範を示すべきです。

昔、私のチームに双子のお子さんを育てているワーキングウーマンがいたことがあります。彼女は時短勤務だったので毎日午後四時半に会社を出て、お子さんたちを迎えにいくのです。そのため、勤務時間内はとにかく集中していたのが印象的でした。

仕事がたまっているときには昼休み返上で業務をこなしていました。私たちが打ち合わせスペースでお弁当を食べながら談笑しているようなときも、机に向かっていることが一度や二度ではない。私たちが騒がしくなると「すみませんが仕事の締め切りが迫っているので、もう少し静かにしてもらえませんか」と言っては、またバリバリと忙しそうに手を動かしていました。

しかも彼女は、持ち帰っても双子の育児と家事をやっていたら手がつかないからといって、仕事の持ち帰りもしていませんでした。業務においてはなんの遜色《そんしょく》もなく成果を出し、とにかく「かっこいい」ワーキングウーマンでした。

やはりきちんと仕事ができる人というのは、メリハリのある人なんだと思います。やるときはやるけれど、休むときはドンッと休暇をとる。逆に、いつもダラダラやっていると、いいかげんな仕事しかできない体質になってしまうのでしょう。

そのためには、当たり前のことですが、時間の使い方がとにかく重要です。

具体的にいうと、たとえば、いま八時間でやっている仕事がある場合、三カ月後は七時間半で終えることをめざす。半年後には七時間、一年後には六時間と目標設定し、自分を鍛えていく必要があります。そういう努力をしなければ、新しい仕事をするチャンスはやってきません。残業ばかりしている人に新たな仕事をもう一つしてもらおうとは、上司は考えませんよね。

自分で積極的に生産性を上げている人には、ぜひ新しい仕事を任せてみようということになります。その結果、自分の幅を広げていくような新しいことをやるチャンスにも恵まれるのです。

仕事とプライベートは、両方大事にできる

ドイツ人が教えてくれた「人間の幸せ」

私がまだ平社員だったころのことです。ドイツに八週間ほど出張に出かけました。そこで見たドイツ人の仕事のやり方には大いに学ぶことがありました。

まず、ドイツには会議がほとんどありません。一人ひとりのやることがはっきりと決まっているので、全員で打ち合わせをしてなにかを決めるということがないのです。月曜の朝一番に、業務連絡や情報交換のためのかんたんなミーティングをしますが、それ以外では、立ったまま打ち合わせをしたり、廊下で歩きながら話したりして事がすんでしまう。会議室を予約してイスに座って、みんなで話し合うというようなことはほとんどありませんでした。

七月と八月の二カ月ほどの滞在でしたが、ドイツはすごく緯度が高いため、午前四時半にはもう夜が明けて、夜は午後十時半ごろまで明るいのです。そのため早い人は

朝七時には会社に着いていて、八時にはほぼ全員がそろっている。そして午後四時にはもう誰もいない……。午後四時で退社して、そのあとのまだ明るい時間は、各自がいろいろな過ごし方をします。ビール片手にバーベキューを楽しむ人、サッカーに出かける人、ゴルフに興じる人……。

当時ＩＢＭドイツの売り上げは格段に多く、一人当たりの生産性などもとても高かったことを覚えています。

よく働きよく遊び、高いお給料をもらって広い家に住む――。

公私ともに充実しているという姿を目の当たりにして、「これが人間の幸せというものか」と、けっこうなカルチャーショックを受けました。

そして、なぜ同じことが日本人にはできないのだろうかと不思議に感じたのです。

その体験がいまも色濃く記憶に残っているので、自分が管理職になってからというもの、会議を減らす、もしくは短くするにはどうすればいいか、常に心を砕いています。

ほかにもドイツ出張で強く感じたのは、「仕事は遊ぶためにやっているんだ！」と、ドイツ人が口に出して言う雰囲気があるということでした。

みんな、週末に対する意識が高いのです。月曜日に出社すれば週末をどんなふうに過ごしていたか報告しあっていますし、木曜日あたりからは今度の週末の予定について、会話が弾む。

「彼はこの週末はスイスで登山するらしいよ」

「あぁ、それはいいね！」

そんな感じでお互いにねたむこともなく、同僚の楽しそうな話を聞いてみんなで喜び合うという雰囲気が、私の目にはとても健全に映りました。

休暇をとるときも、日本では上司や同僚に「本当にすみません」と謝っていたりしますが、申しわけないと思う必要なんてまったくないのです。

週末にはメールを送らないと決める

ついこの間の出来事です。

どうにもこうにも予定がびっしり詰まって仕事が遅れ気味になってしまいました。金曜日までに仕上げるべきものが翌週にずれ込んでしまって、次の水曜日にボスから催促の連絡が届きました。

けれども、その週も予定が立て込んでいて、金曜日に仕上がりそうもない状況。そこで、「申しわけないのですが、今週もちょっと忙しいので、この週末を使って仕上げて、次の月曜日には必ず提出します」とメールを送ったのです。

するとあっという間にボスからの呼び出しがかかりました。

私は当然、怒られる覚悟で出向きました。

ところが、ボスはこう言ったのです。

「週末を使って仕上げるなんて言うからびっくりした。そんなことする必要はないよ。休み中にせざるをえないなんて、僕の仕事の振り方がよくなかったのかもしれない。だから、いまやっていることを全部列挙してくれるかな。そして重要性の高いものから優先順位をつけてほしい」

私は言われたとおりにするしかありませんでした。

結局どうなったかというと……。私がもっとも重要ではないと考えたものは、ほかの人に割り振るとボスは即座に決めてくれたのです。私が返信のメールを出してから、わずか一時間ほどの出来事でした。


もちろん、私もメンバーの週末の過ごし方に関しては気を使っています。

まず基本的に、週末にはメンバーにメールやメッセージは出さないようにしています。そして、お客さまにも絶対出しません。

口では「週末には仕事なんてしなくていいよ」と言いながらも、ガンガンとメールを送ってくるリーダーだと、プレッシャーにしかなりません。たとえ返事を要求していなくても、ボスは休みの日も仕事しているんだとメンバーに思わせるような行為は、すべきではないと思うのです。いまではみんなスマホを持っていて、いつでもどこでもメールやメッセージのチェックができる時代ですが、だからこそ週末は送らないようにしています。

ある会社で土日のメール禁止令が出たところ、月曜日の朝、驚くほど大量のメールが届き、その対応に追われ、やろうと思っていた仕事はなに一つできなかったという話を聞きました。それはただ単にメールをためていたというだけで、あまり意味がありません。

やはり、**仕事と休みのメリハリをつけられるようでなければ、いくら口では休めとリーダーが言ったところで、メンバーには「口だけの人だ」とみなされてしまうと思います。**

女性の人生には四季がある

私の知りえる中国人やドイツ人の働き方の一部をすでにご紹介しました。

繰り返しになりますが、やはりプライベートと仕事が両方、よりいっそう充実していてこそ、幸せな人生です。

プライベートが満たされていると、おそらく仕事にも満足感が得られるでしょうし、仕事が万全だと、きっとプライベートも充実したものとなるでしょう。

たとえ時間のかけ方では仕事八に対してプライベート二の割合であったとしても、気持ちのうえでは五対五であってかまわないのです。

実際に私が見てきた仲間たちでも、プライベートが充実していないと仕事で調子を落とす人が多いものです。それを見ているからこそ、プライベートと仕事は分けては考えられないと痛感しています。

そのためにも仕事の評価基準をはっきりさせなくてはなりません。かけた時間で評価するのではなく、なにをもって仕事の成果と考えるのか。仕事のやり方を決め、各メンバーと合意を得ておくのもリーダーの役目です。

リーダー一人だけでそれを実現するのはむずかしいとは思いますが、上司にも働きかけるなど、できるかぎり努力しましょう。

私も年度初めには必ずメンバー一人ひとりと面談をして目標設定をするのですが、そのときにはそれぞれにやってもらいたいことをしっかりと伝えます。

同時に、それをやってくれれば、早く帰っても、休んでくれてもいいよということを言っておきます。

そして、目標をきちんと共有したあとで、「あなたがやったことを私はなにによって判断し、評価すればいいのか」ということも聞くようにしています。それは数字を用いて、何回とか何件とかでもかまいませんし、設定した期限までに提出するということでもいい。契約金額でもOK。それはメンバー自身で決めてほしいのです。

次の言葉はシンガポールの女性エグゼクティブから聞いたものなのですが、私も深く賛同しているので、紹介しておきます。

女性の人生には四季がある。そのときどきで仕事に情熱を傾ける時期もあれば、子どもを持つことによって仕事を若干セーブするときもあっていい。能力が落ちたわけでもやる気を失ったわけでもない。それはあくまでも季節の移り変わりと同じようなもの。その状態がずっと続くわけではないのだから、それぞれのシーズンを存分に楽しめばいい――。

女性の人生には四季がある。それぞれのシーズンの移り変わりを楽しめばいい。

とてもすてきな考え方ですね。

優秀な女性は、なにか事件が起きる前から心配してしまいがちですが、考えすぎる必要はありません。「案ずるより産むが易し」の心境でいればいいと思います。

第5章

まずは自分へのリーダーシップを発揮しよう

自分ががんばっていることを一番知っているのは自分

「がんばれ、私！」と奮い立たせる

仕事をしていると、どうしても他社や他部門との比較、同僚との比較など、比べられる機会があります。

比較する側である会社や上司にとっては便利な方法なのですが、比較される側からしてみれば、お客さまやお取引先の事情も部署で異なりますし、為替やマーケットなど、努力してもどうにもならない外部要因も含まれて評価されることは、理不尽に感じるでしょう。

そして「私にも言い分はあるのに……」というモヤモヤとした気持ちだけが澱《おり》のようにたまっていきます。モヤモヤしたまま、自分のほうが上だった下だったと気にしていたら、それは精神衛生上、本当によろしくないことです。

先述しましたが、私はアジア・パシフィック本部で働いていたときに自分の軸を意識してからというもの、人と比べるという気持ちがなくなり、平穏でいられるようになりました。

それからは人と比べる代わりに、昨日の自分と今日の自分を比べて「がんばれているか」「成長できているか」と考えるようになったのです。

はたして自分はがんばったのかどうか、昨日できなかったことができるようになったのかどうか、一番わかっているのは自分です。いえ、究極的には自分にしかわからないはずです。結果につながったか、成果が出たかということとは別に、その途中の過程は振り返って自己判断するしかないのです。

他人との比較は、運や出会いにも左右されます。たまたま、そのときのよいめぐり合わせのおかげでよい評価をされたとしても、それで自分をほめてばかりいたら、いつか自分を甘やかすことになるでしょう。

とはいえ、いつもがんばりつづけるというのも、金属疲労を起こしてポキッと折れてしまうかもしれません。ですから、自分だけがわかる「ここぞ！」というときや、「もうちょっとできるかも」と判断した場合には、自分で覚悟を決めて思いっ切りアクセルを踏み込んでほしいのです。

そして、自分をときに励まし、ときに慰め、ときに戒め、ときには大いにたたえる。また、がんばった自分自身を存分に大切にしてあげる。それが、自分の人生に打ち寄せる波をうまくとらえて主体的に生きていく秘訣《ひけつ》なのではないでしょうか。

リーダーシップというと、困難なことに挑戦するためにみんなを奮い立たせる力だとか、一人の人間が複数の人に対して発揮し、目的達成のために導いていく力だというのが、みなさんの頭のなかにあるリーダーシップの概念だと思います。

そのリーダーシップを自分自身に向ければ、それは自分の人生を主体的に生きていく推進力となるのです。

自分に対してリーダーシップを発揮することができれば、本当にたくさんのことが得られます。私自身も、ここぞというときにはがんばってきた。新しい分野を切り開いたり、新しくなにかを生み出したり……。

新しく物事を始めるというのは好きですし、得意分野ではあるものの、それでもやはり困難がつきまとい、苦労もします。おうかがい、根回し、予算の獲得……、面倒なことはイヤというほどありますが、それらを克服した先に達成感や満足感、一緒になってがんばったメンバーとの一体感、そして自信が得られるのです。

中国に赴任していたときの経験は格別でした。「外国人」である私が、自分とは文化的・社会的背景の異なるメンバーを束ねてミッションを達成しなくてはならないのです。そういう状況に対して、不安がなかったといったら嘘《うそ》になります。事実、このときもさまざまな困難や先に述べたようなトラブルもありました。

その都度、悩んだり、落ち込んだりすることもあったのですが、そういったときこそ、自分へのリーダーシップを発揮するとき。いつも「がんばれ、私！」と自分自身を奮い立たせてきました。

自分へのリーダーシップを発揮できない人は、他人にだって発揮できない

自分自身にリーダーシップを発揮できない人間が、他人に対してリーダーシップを発揮できるわけがないと私は思います。

自分で自分を律することができず、自分自身を目標にまで導けない人間が、他人に「やれっ！　がんばれ！」と言ったところで、メンバーはその気になるでしょうか。

チームへのリーダーシップを発揮する前に、まずは自分にリーダーシップを発揮する。それをみんなが見てくれていて「この人なら」と後に続くようになる。

そんなふうに思うのです。

中国勤務のときのミッションは、日本から受注する仕事の時間を数千時間から数万時間へと桁違《けたちが》いに増やすというものでした。一桁上げるといっても、十時間を百時間にするとか百時間を千時間にするというのとはわけが違います。千を万の単位にするのだから、それは厳しいミッションです。

そんなときこそ、過去の自分を超えるパワーを出さなくてはなりません。おかげさまでそのミッションはクリアすることができました。

もちろん、それを達成できたこともうれしかったのですが、それ以上に「みんなでなんとかこのミッションを達成しよう」という一体感を、国籍を超えてメンバー全員と共有できたこと、団結力を体感できたことが本当にうれしかった思い出です。このときの中国人メンバーの何人かとは、いまでも一緒に旅行に行ったり、食事をしたり、彼らが日本に出張してくれれば自宅に遊びに来てくれたりするようなつきあいが続いています。

仕事は「人生の時間を削るもの」ではなく「楽しいもの」

「仕事がきついのなんか、当たり前」

自分へのリーダーシップを発揮しようというのも、私がある程度経験を積んだあとにたどり着いたところです。私もかつては仕事がイヤになったり目標を見失ったりと、迷走していた時代もたくさんありました。

まずは就職して六〜七年が過ぎたころでしょうか。入社直後のがむしゃらに走りつづける時期を経て、少し余裕と慢心が出てきたのでしょう。

初めて尊敬できると思えた上司の下についていたのですが、あるとき、その方に愚痴をこぼしたのです。たしか仕事がつまらないとか、お客さんの理解がないとか、仕事がきついとか、そんなことを言ったのだと思います。その方に、こう諭されたのでした。

「仕事がきついのなんか当たり前だよ。だからお給料もらっているわけで、楽しかったら君のほうがお金を払わなくちゃいけないよね。みんな、つらいと思いながらも、それでも会社に来ているんだよ」

私から見て、その方は知識も豊富で筋が一本通っていて、逃げない、折れないという尊敬に値する方でした。ワーカホリックな感じで、てっきり仕事が好きで楽しくてやっていらっしゃると思い込んでいたので、それを聞いた私は驚いてしまい、「○○さんでも仕事はつらいんですか」と聞いてしまいました。

すると「当たり前だよ。みんな、つらいと思っているよ。でもみんな、それでも会社に来るし、ずっとそうやって働いているんだ」とおっしゃったのです。

きっとその方のおっしゃった「仕事はつらい」という言葉の真意は、当時の私には理解できていなかったと思います。それでも「自分はまだまだ甘いな」と感じました。依然として学生気分が完全には抜け切れていなかったのかもしれません。そのとき私は、初めて目が覚めたような気がしました。

そんなことがあったにもかかわらず、その後、それでも私は会社を辞めようと、二回も辞表を書いたのでした。そのときは、会社がつまらないとか、このままこの仕事をしていてもその先が見えないというような気持ちにとらわれていました。

女性は三十歳前後になると、結婚したり留学したりというように、人生を仕切り直そうとする人が少なくありません。ご多分にもれず、私もその一人だったのです。

そして、留学やら資格取得やら、専門学校やらのパンフレットを山ほど集めてはみたけれど、明確な目標やプランがあるわけでもなかった。

結局、なんとなく会社を辞めたかった私は、同期の男性や他社の友人らと話して退職するのを踏みとどまりました。ですから、その年代の女性の揺れる気持ちは、わかりすぎるくらい理解できます。

けれどもいまになって当時を振り返って考えれば、あのときに会社を辞めていなくて本当によかった。

イヤだからという逃避の気持ちだけで退職していたら、次に就職した会社でも「減点法」で仕事や職場を見るようになります。ですから、もしもあなたが同じように思うことがあったとしても、「イヤ」以外の理由をきちんと見つけたほうがいいと思います。

たとえば、上司のことが心から嫌いで辞めたいとか、自分の評価に納得がいかないというのが本音でも、単に上司との相性の問題であるならば、異動で解決する可能性があります。そうであれば辞めなくてもすむかもしれません。

自分はここでなにができるようになったのか、次になにがやりたいのか、それをきちんと見極めてからでも遅くはありません。

自分の軸があれば、会社を辞めても転職してもかまわない

それでも転職して新たなことに挑戦したいと思ったり、次の展望が描けていたりと、逃避でなければ、私は会社を辞めてもまったくかまわないと思います。

なにしろ多いときには、寝ている間は除いて一日の七割から八割の時間を仕事にあてているのです。そんな長時間を費やしているのですから、仕事のなかにもやりがいや楽しみを見つけられずにいるのでは、一度しかない自分の貴重な人生なのに、時間をムダ遣いしているのと同じことになってしまいます。

企業に勤めることには、組織に属する会社員ならではの醍醐《だいごみ》味があるはずです。自分一人では不可能なことでも仲間のいるサラリーマンならば可能かもしれない。しかもリーダーならメンバーの協力を得て、自分の理想に近い形のチームをつくり上げる

こともできるのです。

自分のチームで目標をクリアするのは、山登りのようなもの。達成できれば自信になりますし、きっと次に登りたい山、すなわち新たに挑戦したい目標を発見することにもなるでしょう。

そこで、もう一度考えていただきたいことがあります。「あなたのゴール」はなんなのかということです。

自分にとって日々会社に通っているモチベーションというか、原動力がなんなのか、どこに喜びがあるのか。あなたにとっての働く意味をきちんと見つけておきましょう。

なぜなら、それがわかっていれば、地に足の着いた働き方ができますし、ほとんどのことは耐えられるからです。

私にとってのゴールは「ブリッジになること」で、それを少しずつ違った形で表現してきました。それ以外のことは、多少理不尽なことがあっても、「まぁ、いっか」というふうに感じられるようになったのです。

ですから、会社に残るにしろ転職するにしろ、リーダーになるにせよ、チームプレーに励むにせよ、自分のゴールとはどんなイメージか、それを早い段階で突き詰めて考えておきたいものです。そうすればかつての私のようにムダに迷走しないでしょうし、人生で多くの時間を費やす「仕事」というものがきっともっと楽しいものになるでしょう。

あなたの「好き」を数え上げて、ゴールを見つけよう

では、自分のゴールはどうやって見つけたらいいのか——。

私は中学生や高校生、そして働く女性を対象とした講演や研修をいろいろとしているのですが、そこでよく聞かれるのがこの質問です。

私も四十歳を過ぎるまでゴールのイメージにはたどり着けなかったのだから、本当はいろいろとご自身で経験し、体当たりで悩んで迷って見つけるのがいいと思うのですが……。ここでは〝大サービス〟でヒントをお伝えしましょう。

ヒントは二つあります。

一つは、「嫌いなこと」から考えていく方法です。

人間はなぜか嫌いなことはすぐに数え上げられるものなので、まずは自分の嫌いな

ものをあげていきましょう。人に頭を下げるのはイヤだとか、お世辞は言うのも言われるのも嫌いだとか、単純作業が耐えられない……などなど、いくつか出てくると思います。なぜ嫌いなものを数え上げるのかというと、その真逆が自分の好きなものだという可能性が高いからです。

二つ目の方法は、子どものころや学生時代、時間を忘れて「のめり込んでやっていたこと」を思い出すこと。もしくは、いまでもご飯を食べるための時間も惜しいと思ってしまうようなことは何かを考えることです。

この二つの方法で浮かび上がってくるものが、おそらくあなたの好きなこと、やりたいことです。

かといって、「好き」と「仕事」がピタリと一致すれば本当に幸せですが、そういう仕事はそんなにたくさんはありませんし、希望の仕事に就ける人も少ないのが現実でしょう。

そうであれば、仕事は仕事としてある程度割り切って、なにかその一部分でも好きなポイントを見つけていきましょう。たとえば、人となにかを一緒につくり上げる喜びだとか、世の中に対してなんらかのムーブメントのタネを仕掛けて、それが当たったときの達成感だとか……。

それにどんなに好きですばらしい仕事にも、つらいこと、イヤなことはつきものです。仕事を十個のパーツに分けたとして、その十個すべてが好きということはまずありえません。そのなかの一つでも二つでも「この部分がとても好き」と感じられれば、それで十分だと思えるたくましさがあると、きっと楽しく仕事を続けられます。

いままで複数のチームを率いてきた経験からいうと、人間は楽しそうに仕事をしている人が好きなのだと思います。やはり、楽しそうにしている人のところに人は集まってくる。楽しそうにしている人のところに楽しい人がやってきて、また楽しいことが始まるのです。

楽しそうに仕事をしている人と楽しい仕事をしたいとみんな思うので、相乗効果で「1＋1」が2ではなく3にも4にもなる。

ぜひみなさんにも楽しく仕事をしていただき、「この人と一緒なら仕事が楽しい！」と慕われるリーダーになってほしいなと心から願っています。

仕事と同じくらい、自分の人生を大切にする

人生が「主」、仕事は「従」

仕事にメリハリをつけること以外にも、自分を豊かにするような時間をつくれるといいですよね。第4章で、仕事もプライベートも大事にしたほうがいいと述べましたが、「さぁ、そろそろ仕事しようかな」という気持ちになれるような余暇の時間をもてると、仕事への意欲は長続きします。

仕事は自分の人生を充実させるために、とても大切な要素です。そうはいっても、仕事はあくまで仕事であって、あなたの人生そのものではありません。

人生のなかに仕事があるのであって、仕事のなかに人生が存在するのではないのです。当たり前のことのようですが、それをきちんと認識しておくことが大切だと思っています。

いままで一緒に働いてきた仲間でも、仕事のために心を病んでしまう人が何人もい

ましたが、それはたいへんもったいないことだと思うのです。もちろん、その人たちを責める気はまったくありません。

それどころか、心を病んでしまう方というのは、基本的に責任感が強くてまじめという、いい資質をもっている方たちなのです。だからこそ仕事を一人で抱え込んでしまうのでしょうが、できるだけ早く上司に相談すれば、状況は違っていたかもしれません。

苦しそうなメンバーに上手に声をかける方法

メンバーのなかに「なんだかおかしいな」と感じる人がいたら、リーダーには早く声をかけてあげてほしいと思います。

なんと言って声をかけたらいいのかわからないという相談を受けることがありますので、そういう状況を見事に回避した上司の例をご紹介しておきます。

あるとき、私の同僚が多くの仕事を抱えて苦しんでいました。通常の業務に加えて、さらに負荷のかかる仕事が舞い込んできてしまい、本当につらそうだったのです。それに気づいた上司が、「ちょっとやり方を見直したいから」と言って、私とその同僚を呼び出しました。

その上司は私の同僚に、いま抱えている仕事はどれだけあるのか問いかけました。同僚が三つあると答えると、上司はもう一度、私の同僚に質問を投げかけました。

「三つとも重要だから全部やってくれたらうれしいけれど、でもどう？　現実問題としてできるのかな？」

同僚は本当に、限界に近かった。その胸の内を私には語っていました。でも、このとき上司にははっきりと答えず、十分ほどひとり言のようにつぶやいていたのでした。

「僕がやらなければいけないとは思っています。やりたいけれども、でもどのぐらいのレベルであるかによって……納期を◯◯日にしてもらえたら……いやっ、でもやらなければいけないよなぁ……」

それを見てついに上司が言いました。

「全部できるのであればやってもいいけど、僕はちょっと時間的にむずかしいと思うよ。この際、一つ減らしたらどうかな？　減らすならどれがいい？」

上司にそう言われて、抱えている仕事を一つだけ人に譲ることになった同僚は、やっとホッとした表情を見せました。

この上司の采配《さいはい》は、私にとってもたいへん勉強になりました。

「ちょっとこれはお前には無理だよな。だからこれはほかの人にやらせるよ」

そう頭ごなしに言われたら、能力が足りないとジャッジされた気がして傷つくはずです。同様に、この仕事はたいへんそうだからもうこれ以上やらなくていいよと言われても、自分の評価が落ちるんじゃないかと、きっと不安になることでしょう。

ところがこの上司は、部下のモチベーションが下がるような対応はしなかった。どうやったら部下を助けてあげられるだろうかという気持ちが当人に伝わり、なおかつ本人の同意も引き出せるようなスマートな聞き方をしたのです。

このように、「助け船」が自然と出せるようになれたら理想的だと思います。私もこの上司のやり方を見習おうと、決意を新たにした出来事でした。

仕事と結婚や出産、育児との両立のコツは「自分で決める」こと

自分の人生の手綱は自分であやつる

女性がずっと働きつづけていこうとすると、避けて通ることができないのが、仕事と結婚・出産・育児との両立の問題です。事実、私がリーダーへの登用を打診したときに「環境が許さないので自信がないです」と言って辞退する女性も少なくありませんでした。

さらには、管理職になってみたいとは思うけれど、自分の身近な管理職の女性を見ていると、子どものいる自分があのように働くのはとても無理、とやんわりと断ってくる女性もいました。

前述したように、これからは女性も働きつづけなければならない社会において、日本の職場でほぼ日常化している長時間労働は解消しなくてはならない喫緊の課題です。

ただし、皮肉なもので逆説的ではありますが、女性もエグゼクティブクラスにまで

到達すれば自分の裁量権がそれだけ大きくなり、部下も飛び抜けて優秀な人ばかりになるので、時間のやりくりがグッとラクになるのです（でも、そこにたどり着くまでがつらいというのはよくわかります……）。

とはいえ、女性の人生には「四季」がある。自分のもてる力のすべてを仕事にそそげない時期があったとしても、苦しく感じずに、いまはそういう時期なのだと割り切ってもいいのではないでしょうか。人生の局面ごとに、仕事とそれ以外のバランスを七対三にしたり五対五にしたり、ということを自分で決めたらよいと思うのです。

ときには図々しく、ときには割り切り、ときには前向きにあきらめたりして、「いまはこうすると自分で決めた」と意識する。

他人やなにかに振り回されていると思うと苦しくなります。自分で決めたという意識をもつことが、人生の手綱を離さないことにつながるのです。

パートナーとはよく話し合っておこう

結婚と出産と育児——これらは女性が働く際に障害となりやすいものです。このうち出産と育児が働く妨げになるのは、ある程度やむをえないでしょう。

ところが、**結婚だけは、当事者がどちらも大人同士なのだから、両者で事前になんらかの取り決めをするとか、結婚した初期のころにとことん話し合うことで多くのことが解決できるはずです。**

反面教師にしていただきたいのですが、実は私も結婚してからひと騒動を起こしたクチです。バブル真っ盛りの時代に結婚した私は、結婚したら家を買うものだと思い込んでいたので、衝動的に売買の仮契約をしてきてしまったのです。夫には事後承諾を得るつもりでした。

ところが、その家というのが神戸市東灘区にある一軒家で、手付けを打とうというときに阪神・淡路大震災が起こりました。東灘区というのは神戸市のなかで震災による被害がもっとも大きかった場所の一つです。

そんなことがあり、結局その家は購入しませんでしたが、夫には相当絞られました。そしてこのことをきっかけに、生き方について二人でとことん話し合うことになったのです。

私たち二人ははたしてなにがしたいのか。

私は今後もキャリアを積み上げるのか。

子どもをどうするのか――などなど。

もちろん結婚前にも話したつもりでいたのですが、私はやはり海外赴任したいという気持ちが忘れられない。子どもも欲しいけれど産まないかもしれない。それぞれの両親の介護のときはどうするのか。

そのとき思いつくかぎりの、ありとあらゆることを話し合いました。

わが家の場合はこのときに話し合いができたのも好都合でしたが、さらによかったことが実はもう一つありました。それは、私たちの結婚自体が東京と大阪に分かれての「別居婚」でスタートしたことです。そのため、家事もそれぞれがせざるをえなかったので、「自分ばっかり負担が多い！」というような不満もなく、快調な滑り出しを切ることができたのです。

同僚のなかには、他社の人と結婚し、繁忙期のＳＥの忙しさを理解してもらえずに、「なんで毎日こんなに遅いんだ。遊んでいるんじゃないのか？」と責められて苦しいと言っている女性もいました。

ほかにも、旦那《だんな》さんが家事のサポートを一切してくれないために、早起きして家族全員のご飯をつくってから出社している。子どもが熱を出しても絶対手伝ってくれないから、自分が休まざるをえないとこぼしている方もいました。

それぞれが描く結婚生活のビジョンについて、話せるだけ二人で話しておいたほうがいいでしょう。どちらか一方だけが我慢するのはフェアではありませんね。そうならないためには、事前の話し合いは欠かせません。

少なくとも、結婚後も仕事は続けるのか、子どもは欲しいのか、どう育てたいのか、どこで育てたいのか、親と同居するのか、海外転勤や国内転勤についていくのか、これらは話し合いが必須《ひっす》ですね。

また、結婚と同時にどちらかが仕事を辞めるのでなければ、家事分担についても事前に話し合っておきたいものです。どうやって家事を分担するのか、誰かのサポートを入れるのか、掃除はどっちがするのか――。

さらに家計を分担するかどうかも決めておいたほうがいいでしょう。完全別会計か、共通の財布をつくるのか。これは将来、住宅取得や子どもを持つか持たないかをも左右するほど重要なポイントになります。

いずれにしても事前に自分の価値観をきちんと認識しておいて、それをパートナーに口に出して伝えておかなくてはならないでしょう。

すでに話していている気がしていても、実はあとから「そんなふうに思っていたんだ！」と愕然《がくぜん》とすることもあるのです。脅かすようで気がひけますが、相手の考えは実際に聞いてみないと本当にわからないものですよ。

「しまった！」と思ってからでは事の重大さが違います。

結婚前に、そして結婚後もきちんと話し合っておきましょう。

おわりに

思えば遠くに来たもんだ――。

外国に憧《あこが》れるミーハーな女の子が、外資系企業に就職して社会人になり、数えきれない人たちから多くの学びと気づきを得て、いまも仕事を続けている。この本を書くためにいままでの出会いを振り返って、思わずこんなフレーズが心に浮かびました。

この本は、私がいままで仕事をするなかで、「そうだったのか！」「もっと早く知っていれば……」「それ早く言ってよ……」と思ったことを伝えたい、という気持ちで書きました。

仕事は人生の大きな要素です。

仕事を「やらなければならないもの」と考えず、「なんのために仕事をするのか」「ゴールはなんなのか」を、自分に問いかけてみてください。

私自身、自分の軸を見つけ、他人との比較や思い込み、ロールモデルの呪縛《じゅばく》から逃れたことで、心の平安とモチベーションを得たように思います。

いま、女性には追い風が吹いています。女性を積極的に登用しようとする企業、理解のある上司が増えてきています。さらに、グローバル化を背景に、多様な人々を束ね、マネジメントする「共感力」の高いリーダー、チームメンバーとフラットに対話しながらチームをまとめ、成果を出していくリーダーが求められていますが、これはまさに女性の強みとなる資質です。

この本を手にしたみなさんが、このチャンスを生かし、自分の人生のハンドルを自分で握って、いきいきと仕事をし、豊かな人生を送られることを願っています。

私がノートにメモしている大前研一さんの言葉に、こんなものがあります。

「人間が変わる方法は三つしかない。
一つは時間配分を変える、
二番目は住む場所を変える、
三番目は付き合う人を変える。
この三つの要素でしか人間は変わらない。
もっとも無意味なのは『決意を新たにする』ことだ」
『時間とムダの科学　仕事の半分は「見せかけ」！』（大前研一ほか著、プレジデント社）より

住む場所を変えるのはかんたんではないと思いますが、時間の使い方を変えて、早く退社したり、休日の使い方を見直してみたりする。その時間で他社や異業種の人たちの集まりに参加する、以前から行きたかったセミナーに行ってみる……。なんてことはちょっとした決意でできるはず。

まずは一歩を踏み出してみてください。そこから思わぬ学びや気づきが得られると思います。

この本の出版にあたっては、サンマーク出版の黒川可奈子さん、コンセプト21の永島可奈子さんにたいへんお世話になりました。世の中の人の「シゴト」を知るのが大好きな私にとって、出版者とはこんなきめ細かな仕事をする人たちだったのか、と目からウロコの経験でした。

また、アップルシード・エージェンシーの栂井理恵さんは、初めてお会いしてから三年近く粘り強く伴走していただき、仕事の遅い私を励ましてくださいました。心から感謝いたします。

最後にこの本を、常に私に働く姿、事にあたって判断する軸の持ち方を見せてくれた亡き父に捧《ささ》げます。

二〇一六年十一月

著者

佐々木順子（ささき・じゅんこ）

兵庫県出身。慶應義塾大学経済学部卒業後、1983年に日本IBM株式会社に入社。2007年に執行役員となる。また、IBMアジア統括部署であるIBMアジア・パシフィック本部や、IBMチャイナへ出向し、グローバルな環境で女性管理職として活躍。特に、IBMチャイナでは2000人の中国人のチームを率いた。

2011年に日本マイクロソフト株式会社へ入社し、執行役員及びカスタマーサービス&サポートのゼネラルマネジャーとなる。株式会社WEIC、ファイア・アイ株式会社を経て、現在は外資系企業の日本法人社長を務めるかたわら、講演や研修などを積極的に行っている。

過去には、ダイバーシティ・マネジメントを支援するNPO法人J-Winの副理事長を務めるなど、女性リーダーの代表的存在として注目を集めている。


「この人なら」と慕われるリーダーになれる

2016年12月1日　初版印刷
2016年12月10日　初版発行

著　者　佐々木順子
発行人　植木宣隆
発行所　株式会社 サンマーク出版
東京都新宿区高田馬場2-16-11
(電)03-5272-3166
印　刷　中央精版印刷株式会社
製　本　株式会社村上製本所

ISBN978-4-7631-3583-4　C0030
ホームページ　http://www.sunmark.co.jp
携帯サイト　http://www.sunmark.jp